PORTUGAIS
VOCABULAIRE

POUR L'AUTOFORMATION

FRANÇAIS
PORTUGAIS

Les mots les plus utiles
Pour enrichir votre vocabulaire et aiguiser
vos compétences linguistiques

5000 mots

Vocabulaire Français-Portugais Brésilien pour l'autoformation - 5000 mots

Par Andrey Taranov

Les dictionnaires T&P Books ont pour but de vous aider à apprendre, à mémoriser et à réviser votre vocabulaire en langue étrangère. Ce dictionnaire thématique couvre tous les grands domaines du quotidien: l'économie, les sciences, la culture, etc ...

Acquérir du vocabulaire avec les dictionnaires thématiques T&P Books vous offre les avantages suivants:

- Les données d'origine sont regroupées de manière cohérente, ce qui vous permet une mémorisation lexicale optimale
- La présentation conjointe de mots ayant la même racine vous permet de mémoriser des groupes sémantiques entiers (plutôt que des mots isolés)
- Les sous-groupes sémantiques vous permettent d'associer les mots entre eux de manière logique, ce qui facilite votre consolidation du vocabulaire
- Votre maîtrise de la langue peut être évaluée en fonction du nombre de mots acquis

Copyright © 2019 T&P Books Publishing

Tous droits réservés. Sans permission écrite préalable des éditeurs, toute reproduction ou exploitation partielle ou intégrale de cet ouvrage est interdite, sous quelque forme et par quelque procédé (électronique ou mécanique) que ce soit, y compris la photocopie, l'enregistrement ou le recours à un système de stockage et de récupération des données.

T&P Books Publishing
www.tpbooks.com

ISBN: 978-1-78767-470-7

Ce livre existe également en format électronique.
Pour plus d'informations, veuillez consulter notre site: www.tpbooks.com ou rendez-vous sur ceux des grandes librairies en ligne.

VOCABULAIRE PORTUGAIS BRÉSILIEN POUR L'AUTOFORMATION
Dictionnaire thématique

Les dictionnaires T&P Books ont pour but de vous aider à apprendre, à mémoriser et à réviser votre vocabulaire en langue étrangère. Ce lexique présente, de façon thématique, plus de 5000 mots les plus fréquents de la langue.

- Ce livre comporte les mots les plus couramment utilisés
- Son usage est recommandé en complément de l'étude de toute autre méthode de langue
- Il répond à la fois aux besoins des débutants et à ceux des étudiants en langues étrangères de niveau avancé
- Il est idéal pour un usage quotidien, des séances de révision ponctuelles et des tests d'auto-évaluation
- Il vous permet de tester votre niveau de vocabulaire

Spécificités de ce dictionnaire thématique:

- Les mots sont présentés de manière sémantique, et non alphabétique
- Ils sont répartis en trois colonnes pour faciliter la révision et l'auto-évaluation
- Les groupes sémantiques sont divisés en sous-groupes pour favoriser l'apprentissage
- Ce lexique donne une transcription simple et pratique de chaque mot en langue étrangère

Ce dictionnaire comporte 155 thèmes, dont:

les notions fondamentales, les nombres, les couleurs, les mois et les saisons, les unités de mesure, les vêtements et les accessoires, les aliments et la nutrition, le restaurant, la famille et les liens de parenté, le caractère et la personnalité, les sentiments et les émotions, les maladies, la ville et la cité, le tourisme, le shopping, l'argent, la maison, le foyer, le bureau, la vie de bureau, l'import-export, le marketing, la recherche d'emploi, les sports, l'éducation, l'informatique, l'Internet, les outils, la nature, les différents pays du monde, les nationalités, et bien d'autres encore ...

TABLE DES MATIÈRES

Guide de prononciation	9
Abréviations	10

CONCEPTS DE BASE 12
Concepts de base. Partie 1 12

1. Les pronoms — 12
2. Adresser des vœux. Se dire bonjour. Se dire au revoir — 12
3. Comment s'adresser à quelqu'un — 13
4. Les nombres cardinaux. Partie 1 — 13
5. Les nombres cardinaux. Partie 2 — 14
6. Les nombres ordinaux — 15
7. Les nombres. Fractions — 15
8. Les nombres. Opérations mathématiques — 15
9. Les nombres. Divers — 15
10. Les verbes les plus importants. Partie 1 — 16
11. Les verbes les plus importants. Partie 2 — 17
12. Les verbes les plus importants. Partie 3 — 18
13. Les verbes les plus importants. Partie 4 — 19
14. Les couleurs — 20
15. Les questions — 20
16. Les prépositions — 21
17. Les mots-outils. Les adverbes. Partie 1 — 21
18. Les mots-outils. Les adverbes. Partie 2 — 23

Concepts de base. Partie 2 25

19. Les jours de la semaine — 25
20. Les heures. Le jour et la nuit — 25
21. Les mois. Les saisons — 26
22. Les unités de mesure — 28
23. Les récipients — 29

L'HOMME 30
L'homme. Le corps humain 30

24. La tête — 30
25. Le corps humain — 31

Les vêtements & les accessoires 32

26. Les vêtements d'extérieur — 32
27. Men's & women's clothing — 32

28. Les sous-vêtements	33
29. Les chapeaux	33
30. Les chaussures	33
31. Les accessoires personnels	34
32. Les vêtements. Divers	34
33. L'hygiène corporelle. Les cosmétiques	35
34. Les montres. Les horloges	36

Les aliments. L'alimentation	**37**
35. Les aliments	37
36. Les boissons	38
37. Les légumes	39
38. Les fruits. Les noix	40
39. Le pain. Les confiseries	41
40. Les plats cuisinés	41
41. Les épices	42
42. Les repas	43
43. Le dressage de la table	44
44. Le restaurant	44

La famille. Les parents. Les amis	**45**
45. Les données personnelles. Les formulaires	45
46. La famille. Les liens de parenté	45

La médecine	**47**
47. Les maladies	47
48. Les symptômes. Le traitement. Partie 1	48
49. Les symptômes. Le traitement. Partie 2	49
50. Les symptômes. Le traitement. Partie 3	50
51. Les médecins	51
52. Les médicaments. Les accessoires	51

L'HABITAT HUMAIN	**53**
La ville	**53**
53. La ville. La vie urbaine	53
54. Les institutions urbaines	54
55. Les enseignes. Les panneaux	55
56. Les transports en commun	56
57. Le tourisme	57
58. Le shopping	58
59. L'argent	59
60. La poste. Les services postaux	60

Le logement. La maison. Le foyer	**61**
61. La maison. L'électricité	61

62.	La villa et le manoir	61
63.	L'appartement	61
64.	Les meubles. L'intérieur	62
65.	La literie	63
66.	La cuisine	63
67.	La salle de bains	64
68.	Les appareils électroménagers	65

LES ACTIVITÉS HUMAINS 66
Le travail. Les affaires. Partie 1 66

69.	Le bureau. La vie de bureau	66
70.	Les processus d'affaires. Partie 1	67
71.	Les processus d'affaires. Partie 2	68
72.	L'usine. La production	69
73.	Le contrat. L'accord	70
74.	L'importation. L'exportation	71
75.	La finance	71
76.	La commercialisation. Le marketing	72
77.	La publicité	73
78.	Les opérations bancaires	73
79.	Le téléphone. La conversation téléphonique	74
80.	Le téléphone portable	75
81.	La papeterie	75
82.	Les types d'activités économiques	76

Le travail. Les affaires. Partie 2 78

83.	Les foires et les salons	78
84.	La recherche scientifique et les chercheurs	79

Les professions. Les métiers 81

85.	La recherche d'emploi. Le licenciement	81
86.	Les hommes d'affaires	81
87.	Les métiers des services	82
88.	Les professions militaires et leurs grades	83
89.	Les fonctionnaires. Les prêtres	84
90.	Les professions agricoles	84
91.	Les professions artistiques	85
92.	Les différents métiers	85
93.	Les occupations. Le statut social	87

L'éducation 88

94.	L'éducation	88
95.	L'enseignement supérieur	89
96.	Les disciplines scientifiques	90
97.	Le système d'écriture et l'orthographe	90
98.	Les langues étrangères	91

Les loisirs. Les voyages 93

99. Les voyages. Les excursions 93
100. L'hôtel 93

LE MATÉRIEL TECHNIQUE. LES TRANSPORTS 95
Le matériel technique 95

101. L'informatique 95
102. L'Internet. Le courrier électronique 96
103. L'électricité 97
104. Les outils 97

Les transports 100

105. L'avion 100
106. Le train 101
107. Le bateau 102
108. L'aéroport 103

Les grands événements de la vie 105

109. Les fêtes et les événements 105
110. L'enterrement. Le deuil 106
111. La guerre. Les soldats 106
112. La guerre. Partie 1 107
113. La guerre. Partie 2 109
114. Les armes 110
115. Les hommes préhistoriques 112
116. Le Moyen Âge 112
117. Les dirigeants. Les responsables. Les autorités 114
118. Les crimes. Les criminels. Partie 1 115
119. Les crimes. Les criminels. Partie 2 116
120. La police. La justice. Partie 1 117
121. La police. La justice. Partie 2 118

LA NATURE 120
La Terre. Partie 1 120

122. L'espace cosmique 120
123. La Terre 121
124. Les quatre parties du monde 122
125. Les océans et les mers 122
126. Les noms des mers et des océans 123
127. Les montagnes 124
128. Les noms des chaînes de montagne 125
129. Les fleuves 125
130. Les noms des fleuves 126
131. La forêt 126
132. Les ressources naturelles 127

7

La Terre. Partie 2 129

133. Le temps 129
134. Les intempéries. Les catastrophes naturelles 130

La faune 131

135. Les mammifères. Les prédateurs 131
136. Les animaux sauvages 131
137. Les animaux domestiques 132
138. Les oiseaux 133
139. Les poissons. Les animaux marins 135
140. Les amphibiens. Les reptiles 135
141. Les insectes 136

La flore 137

142. Les arbres 137
143. Les arbustes 137
144. Les fruits. Les baies 138
145. Les fleurs. Les plantes 139
146. Les céréales 140

LES PAYS DU MONDE. LES NATIONALITÉS 141

147. L'Europe de l'Ouest 141
148. L'Europe Centrale et l'Europe de l'Est 141
149. Les pays de l'ex-U.R.S.S. 142
150. L'Asie 142
151. L'Amérique du Nord 143
152. L'Amérique Centrale et l'Amérique du Sud 143
153. L'Afrique 144
154. L'Australie et Océanie 144
155. Les grandes villes 144

T&P Books. Vocabulaire Français-Portugais Brésilien pour l'autoformation - 5000 mots

GUIDE DE PRONONCIATION

Alphabet phonétique T&P	Exemple en portugais	Exemple en français

Voyelles

[a]	baixo ['baɪʃu]	classe
[e]	erro ['eʀu]	équipe
[ɛ]	leve ['lɛvə]	faire
[i]	lancil [lã'sil]	stylo
[o], [ɔ]	boca, orar ['bokɐ], [ɔ'rar]	normal
[u]	urgente [ur'ʒẽtə]	boulevard
[ã]	toranja [tu'rãʒɐ]	dentiste
[ẽ]	gente ['ʒẽtə]	magicien
[ĩ]	seringa [sə'ɾĩgɐ]	[i] nasale
[õ]	ponto ['põtu]	contrat
[ũ]	umbigo [ũ'bigu]	un demi-tour

Consonnes

[b]	banco ['bãku]	bureau
[d]	duche ['duʃə]	document
[dʒ]	abade [a'badʒi]	adjoint
[f]	facto ['faktu]	formule
[g]	gorila [gu'rilɐ]	gris
[j]	feira ['fejɾɐ]	maillot
[k]	claro ['klaɾu]	bocal
[l]	Londres ['lõdɾəʃ]	vélo
[ʎ]	molho ['moʎu]	souliers
[m]	montanha [mõ'tɐɲɐ]	minéral
[n]	novela [nu'vɛlɐ]	ananas
[ɲ]	senhora [sə'ɲoɾɐ]	canyon
[ŋ]	marketing ['maɾketiŋ]	parking
[p]	prata ['pɾatɐ]	panama
[s]	safira [sɐ'fiɾɐ]	syndicat
[ʃ]	texto ['tɛʃtu]	chariot
[t]	teto ['tɛtu]	tennis
[tʃ]	doente [do'ẽtʃi]	match
[v]	alvo ['alvu]	rivière
[z]	vizinha [vi'ziɲɐ]	gazeuse
[ʒ]	juntos ['ʒũtuʃ]	jeunesse
[w]	sequoia [sə'kwɔjɐ]	iguane

9

ABRÉVIATIONS
employées dans ce livre

Abréviations en français

adj	-	adjective
adv	-	adverbe
anim.	-	animé
conj	-	conjonction
dénombr.	-	dénombrable
etc.	-	et cetera
f	-	nom féminin
f pl	-	féminin pluriel
fam.	-	familiar
fem.	-	féminin
form.	-	formal
inanim.	-	inanimé
indénombr.	-	indénombrable
m	-	nom masculin
m pl	-	masculin pluriel
m, f	-	masculin, féminin
masc.	-	masculin
math	-	mathematics
mil.	-	militaire
pl	-	pluriel
prep	-	préposition
pron	-	pronom
qch	-	quelque chose
qn	-	quelqu'un
sing.	-	singulier
v aux	-	verbe auxiliaire
v imp	-	verbe impersonnel
vi	-	verbe intransitif
vi, vt	-	verbe intransitif, transitif
vp	-	verbe pronominal
vt	-	verbe transitif

Abréviations en portugais

f	-	nom féminin
f pl	-	féminin pluriel
m	-	nom masculin
m pl	-	masculin pluriel

m, f	-	masculin, féminin
pl	-	pluriel
v aux	-	verbe auxiliaire
vi	-	verbe intransitif
vi, vt	-	verbe intransitif, transitif
vr	-	verbe pronominal réfléchi
vt	-	verbe transitif

CONCEPTS DE BASE

Concepts de base. Partie 1

1. Les pronoms

je	eu	['ew]
tu	você	[vɔ'se]
il	ele	['ɛli]
elle	ela	['ɛla]
nous	nós	[nɔs]
vous	vocês	[vɔ'ses]
ils	eles	['ɛlis]
elles	elas	['ɛlas]

2. Adresser des vœux. Se dire bonjour. Se dire au revoir

Bonjour! (fam.)	Oi!	[ɔj]
Bonjour! (form.)	Olá!	[o'la]
Bonjour! (le matin)	Bom dia!	[bõ 'dʒia]
Bonjour! (après-midi)	Boa tarde!	['boa 'tardʒi]
Bonsoir!	Boa noite!	['boa 'nojtʃi]
dire bonjour	cumprimentar (vt)	[kũprimẽ'tar]
Salut!	Oi!	[ɔj]
salut (m)	saudação (f)	[sawda'sãw]
saluer (vt)	saudar (vt)	[saw'dar]
Comment allez-vous?	Como você está?	['kɔmu vo'se is'ta]
Comment ça va?	Como vai?	['kɔmu 'vaj]
Quoi de neuf?	E aí, novidades?	[a a'i novi'dadʒis]
Au revoir!	Tchau!	['tʃaw]
À bientôt!	Até breve!	[a'tɛ 'brɛvi]
Adieu!	Adeus!	[a'dews]
dire au revoir	despedir-se (vr)	[dʒispe'dʒirsi]
Salut! (À bientôt!)	Até mais!	[a'tɛ majs]
Merci!	Obrigado! -a!	[obri'gadu, -a]
Merci beaucoup!	Muito obrigado! -a!	['mwĩtu obri'gadu, -a]
Je vous en prie	De nada	[de 'nada]
Il n'y a pas de quoi	Não tem de quê	['nãw tẽj de ke]
Pas de quoi	Não foi nada!	['nãw foj 'nada]
Excuse-moi!	Desculpa!	[dʒis'kuwpa]
Excusez-moi!	Desculpe!	[dʒis'kuwpe]

excuser (vt)	desculpar (vt)	[dʒiskuw'par]
s'excuser (vp)	desculpar-se (vr)	[dʒiskuw'parsi]
Mes excuses	Me desculpe	[mi dʒis'kuwpe]
Pardonnez-moi!	Desculpe!	[dʒis'kuwpe]
pardonner (vt)	perdoar (vt)	[per'dwar]
C'est pas grave	Não faz mal	['nãw fajʒ maw]
s'il vous plaît	por favor	[por fa'vor]
N'oubliez pas!	Não se esqueça!	['nãw si is'kesa]
Bien sûr!	Com certeza!	[kõ ser'teza]
Bien sûr que non!	Claro que não!	['klaru ki 'nãw]
D'accord!	Está bem! De acordo!	[is'ta bẽj], [de a'kordu]
Ça suffit!	Chega!	['ʃega]

3. Comment s'adresser à quelqu'un

Excusez-moi!	Desculpe ...	[dʒis'kuwpe]
monsieur	senhor	[se'ɲor]
madame	senhora	[se'ɲora]
madame (mademoiselle)	senhorita	[seɲo'rita]
jeune homme	jovem	['ʒovẽ]
petit garçon	menino	[me'ninu]
petite fille	menina	[me'nina]

4. Les nombres cardinaux. Partie 1

zéro	zero	['zɛru]
un	um	[ũ]
deux	dois	['dojs]
trois	três	[tres]
quatre	quatro	['kwatru]
cinq	cinco	['sĩku]
six	seis	[sejs]
sept	sete	['sɛtʃi]
huit	oito	['ojtu]
neuf	nove	['nɔvi]
dix	dez	[dɛz]
onze	onze	['õzi]
douze	doze	['dozi]
treize	treze	['trezi]
quatorze	catorze	[ka'torzi]
quinze	quinze	['kĩzi]
seize	dezesseis	[deze'sejs]
dix-sept	dezessete	[dezi'setʃi]
dix-huit	dezoito	[dʒi'zojtu]
dix-neuf	dezenove	[deze'nɔvi]
vingt	vinte	['vĩtʃi]
vingt et un	vinte e um	['vĩtʃi i ũ]

vingt-deux	vinte e dois	['vĩtʃi i 'dojs]
vingt-trois	vinte e três	['vĩtʃi i 'tres]
trente	trinta	['trĩta]
trente et un	trinta e um	['trĩta i ũ]
trente-deux	trinta e dois	['trĩta i 'dojs]
trente-trois	trinta e três	['trĩta i 'tres]
quarante	quarenta	[kwa'rẽta]
quarante et un	quarenta e um	[kwa'rẽta i 'ũ]
quarante-deux	quarenta e dois	[kwa'rẽta i 'dojs]
quarante-trois	quarenta e três	[kwa'rẽta i 'tres]
cinquante	cinquenta	[sĩ'kwẽta]
cinquante et un	cinquenta e um	[sĩ'kwẽta i ũ]
cinquante-deux	cinquenta e dois	[sĩ'kwẽta i 'dojs]
cinquante-trois	cinquenta e três	[sĩ'kwẽta i 'tres]
soixante	sessenta	[se'sẽta]
soixante et un	sessenta e um	[se'sẽta i ũ]
soixante-deux	sessenta e dois	[se'sẽta i 'dojs]
soixante-trois	sessenta e três	[se'sẽta i 'tres]
soixante-dix	setenta	[se'tẽta]
soixante et onze	setenta e um	[se'tẽta i ũ]
soixante-douze	setenta e dois	[se'tẽta i 'dojs]
soixante-treize	setenta e três	[se'tẽta i 'tres]
quatre-vingts	oitenta	[oj'tẽta]
quatre-vingt et un	oitenta e um	[oj'tẽta i 'ũ]
quatre-vingt deux	oitenta e dois	[oj'tẽta i 'dojs]
quatre-vingt trois	oitenta e três	[oj'tẽta i 'tres]
quatre-vingt-dix	noventa	[no'vẽta]
quatre-vingt et onze	noventa e um	[no'vẽta i 'ũ]
quatre-vingt-douze	noventa e dois	[no'vẽta i 'dojs]
quatre-vingt-treize	noventa e três	[no'vẽta i 'tres]

5. Les nombres cardinaux. Partie 2

cent	cem	[sẽ]
deux cents	duzentos	[du'zẽtus]
trois cents	trezentos	[tre'zẽtus]
quatre cents	quatrocentos	[kwatro'sẽtus]
cinq cents	quinhentos	[ki'ɲẽtus]
six cents	seiscentos	[sej'sẽtus]
sept cents	setecentos	[sete'sẽtus]
huit cents	oitocentos	[ojtu'sẽtus]
neuf cents	novecentos	[nove'sẽtus]
mille	mil	[miw]
deux mille	dois mil	['dojs miw]
trois mille	três mil	['tres miw]

dix mille	**dez mil**	['dɛz miw]
cent mille	**cem mil**	[sẽ miw]
million (m)	**um milhão**	[ũ mi'ʎãw]
milliard (m)	**um bilhão**	[ũ bi'ʎãw]

6. Les nombres ordinaux

premier (adj)	**primeiro**	[pri'mejru]
deuxième (adj)	**segundo**	[se'gũdu]
troisième (adj)	**terceiro**	[ter'sejru]
quatrième (adj)	**quarto**	['kwartu]
cinquième (adj)	**quinto**	['kĩtu]
sixième (adj)	**sexto**	['sestu]
septième (adj)	**sétimo**	['sɛtʃimu]
huitième (adj)	**oitavo**	[oj'tavu]
neuvième (adj)	**nono**	['nonu]
dixième (adj)	**décimo**	['dɛsimu]

7. Les nombres. Fractions

fraction (f)	**fração** (f)	[fra'sãw]
un demi	**um meio**	[ũ 'meju]
un tiers	**um terço**	[ũ 'tersu]
un quart	**um quarto**	[ũ 'kwartu]
un huitième	**um oitavo**	[ũ oj'tavu]
un dixième	**um décimo**	[ũ 'dɛsimu]
deux tiers	**dois terços**	['dojs 'tersus]
trois quarts	**três quartos**	[tres 'kwartus]

8. Les nombres. Opérations mathématiques

soustraction (f)	**subtração** (f)	[subtra'sãw]
soustraire (vt)	**subtrair** (vi, vt)	[subtra'ir]
division (f)	**divisão** (f)	[dʒivi'zãw]
diviser (vt)	**dividir** (vt)	[dʒivi'dʒir]
addition (f)	**adição** (f)	[adʒi'sãw]
additionner (vt)	**somar** (vt)	[so'mar]
ajouter (vt)	**adicionar** (vt)	[adʒisjo'nar]
multiplication (f)	**multiplicação** (f)	[muwtʃiplika'sãw]
multiplier (vt)	**multiplicar** (vt)	[muwtʃipli'kar]

9. Les nombres. Divers

chiffre (m)	**algarismo, dígito** (m)	[awga'rizmu], ['dʒiʒitu]
nombre (m)	**número** (m)	['numeru]

adjectif (m) numéral	numeral (m)	[nume'raw]
moins (m)	sinal (m) de menos	[si'naw de 'menus]
plus (m)	mais (m)	[majs]
formule (f)	fórmula (f)	['fɔrmula]

calcul (m)	cálculo (m)	['kawkulu]
compter (vt)	contar (vt)	[kõ'tar]
calculer (vt)	calcular (vt)	[kawku'lar]
comparer (vt)	comparar (vt)	[kõpa'rar]

Combien? (indénombr.)	Quanto?	['kwãtu]
Combien? (dénombr.)	Quantos? -as?	['kwãtus, -as]

somme (f)	soma (f)	['sɔma]
résultat (m)	resultado (m)	[hezuw'tadu]
reste (m)	resto (m)	['hɛstu]

quelques ...	alguns, algumas ...	[aw'gũs], [aw'gumas]
peu de ... (dénombr.)	poucos, poucas	['pokus], ['pokas]
peu de ... (indénombr.)	um pouco ...	[ũ 'poku]
reste (m)	resto (m)	['hɛstu]
un et demi	um e meio	[ũ i 'meju]
douzaine (f)	dúzia (f)	['duzja]

en deux (adv)	ao meio	[aw 'meju]
en parties égales	em partes iguais	[ẽ 'partʃis i'gwais]
moitié (f)	metade (f)	[me'tadʒi]
fois (f)	vez (f)	[vez]

10. Les verbes les plus importants. Partie 1

aider (vt)	ajudar (vt)	[aʒu'dar]
aimer (qn)	amar (vt)	[a'mar]
aller (à pied)	ir (vi)	[ir]
apercevoir (vt)	perceber (vt)	[perse'ber]
appartenir à ...	pertencer (vt)	[pertẽ'ser]

appeler (au secours)	chamar (vt)	[ʃa'mar]
attendre (vt)	esperar (vt)	[ispe'rar]
attraper (vt)	pegar (vt)	[pe'gar]
avertir (vt)	advertir (vt)	[adʒiver'tʃir]

avoir (vt)	ter (vt)	[ter]
avoir confiance	confiar (vt)	[kõ'fjar]
avoir faim	ter fome	[ter 'fɔmi]

avoir peur	ter medo	[ter 'medu]
avoir soif	ter sede	[ter 'sedʒi]
cacher (vt)	esconder (vt)	[iskõ'der]
casser (briser)	quebrar (vt)	[ke'brar]
cesser (vt)	cessar (vt)	[se'sar]

changer (vt)	mudar (vt)	[mu'dar]
chasser (animaux)	caçar (vi)	[ka'sar]

chercher (vt)	buscar (vt)	[bus'kar]
choisir (vt)	escolher (vt)	[isko'ʎer]
commander (~ le menu)	pedir (vt)	[pe'dʒir]

commencer (vt)	começar (vt)	[kome'sar]
comparer (vt)	comparar (vt)	[kõpa'rar]
comprendre (vt)	entender (vt)	[ẽtẽ'der]
compter (dénombrer)	contar (vt)	[kõ'tar]
compter sur ...	contar com ...	[kõ'tar kõ]

confondre (vt)	confundir (vt)	[kõfũ'dʒir]
connaître (qn)	conhecer (vt)	[koɲe'ser]
conseiller (vt)	aconselhar (vt)	[akõse'ʎar]
continuer (vt)	continuar (vt)	[kõtʃi'nwar]
contrôler (vt)	controlar (vt)	[kõtro'lar]

courir (vi)	correr (vi)	[ko'her]
coûter (vt)	custar (vt)	[kus'tar]
créer (vt)	criar (vt)	[krjar]
creuser (vt)	cavar (vt)	[ka'var]
crier (vi)	gritar (vi)	[gri'tar]

11. Les verbes les plus importants. Partie 2

décorer (~ la maison)	decorar (vt)	[deko'rar]
défendre (vt)	defender (vt)	[defẽ'der]
déjeuner (vi)	almoçar (vi)	[awmo'sar]
demander (~ l'heure)	perguntar (vt)	[pergũ'tar]
demander (de faire qch)	pedir (vt)	[pe'dʒir]

descendre (vi)	descer (vi)	[de'ser]
deviner (vt)	adivinhar (vt)	[adʒivi'ɲar]
dîner (vi)	jantar (vi)	[ʒã'tar]
dire (vt)	dizer (vt)	[dʒi'zer]
diriger (~ une usine)	dirigir (vt)	[dʒiri'ʒir]
discuter (vt)	discutir (vt)	[dʒisku'tʃir]

donner (vt)	dar (vt)	[dar]
donner un indice	dar uma dica	[dar 'uma 'dʒika]
douter (vt)	duvidar (vt)	[duvi'dar]
écrire (vt)	escrever (vt)	[iskre'ver]
entendre (bruit, etc.)	ouvir (vt)	[o'vir]

entrer (vi)	entrar (vi)	[ẽ'trar]
envoyer (vt)	enviar (vt)	[ẽ'vjar]
espérer (vi)	esperar (vi, vt)	[ispe'rar]
essayer (vt)	tentar (vt)	[tẽ'tar]
être (~ fatigué)	estar (vi)	[is'tar]

être (~ médecin)	ser (vi)	[ser]
être d'accord	concordar (vi)	[kõkor'dar]
être nécessaire	ser necessário	[ser nese'sarju]
être pressé	apressar-se (vr)	[apre'sarsi]
étudier (vt)	estudar (vt)	[istu'dar]

excuser (vt)	desculpar (vt)	[dʒiskuw'par]
exiger (vt)	exigir (vt)	[ezi'ʒir]
exister (vi)	existir (vi)	[ezis'tʃir]
expliquer (vt)	explicar (vt)	[ispli'kar]
faire (vt)	fazer (vt)	[fa'zer]
faire tomber	deixar cair (vt)	[dej'ʃar ka'ir]
finir (vt)	acabar, terminar (vt)	[aka'bar], [termi'nar]
garder (conserver)	guardar (vt)	[gwar'dar]
gronder, réprimander (vt)	ralhar, repreender (vt)	[ha'ʎar], [heprjẽ'der]
informer (vt)	informar (vt)	[ĩfor'mar]
insister (vi)	insistir (vi)	[ĩsis'tʃir]
insulter (vt)	insultar (vt)	[ĩsuw'tar]
inviter (vt)	convidar (vt)	[kõvi'dar]
jouer (s'amuser)	brincar, jogar (vi, vt)	[brĩ'kar], [ʒo'gar]

12. Les verbes les plus importants. Partie 3

libérer (ville, etc.)	libertar, liberar (vt)	[liber'tar], [libe'rar]
lire (vi, vt)	ler (vt)	[ler]
louer (prendre en location)	alugar (vt)	[alu'gar]
manquer (l'école)	faltar a ...	[faw'tar a]
menacer (vt)	ameaçar (vt)	[amea'sar]
mentionner (vt)	mencionar (vt)	[mẽsjo'nar]
montrer (vt)	mostrar (vt)	[mos'trar]
nager (vi)	nadar (vi)	[na'dar]
objecter (vt)	objetar (vt)	[obʒe'tar]
observer (vt)	observar (vt)	[obser'var]
ordonner (mil.)	ordenar (vt)	[orde'nar]
oublier (vt)	esquecer (vt)	[iske'ser]
ouvrir (vt)	abrir (vt)	[a'brir]
pardonner (vt)	perdoar (vt)	[per'dwar]
parler (vi, vt)	falar (vi)	[fa'lar]
participer à ...	participar (vi)	[partʃisi'par]
payer (régler)	pagar (vt)	[pa'gar]
penser (vi, vt)	pensar (vi, vt)	[pẽ'sar]
permettre (vt)	permitir (vt)	[permi'tʃir]
plaire (être apprécié)	gostar (vt)	[gos'tar]
plaisanter (vi)	brincar (vi)	[brĩ'kar]
planifier (vt)	planejar (vt)	[plane'ʒar]
pleurer (vi)	chorar (vi)	[ʃo'rar]
posséder (vt)	possuir (vt)	[po'swir]
pouvoir (v aux)	poder (vi)	[po'der]
préférer (vt)	preferir (vt)	[prefe'rir]
prendre (vt)	pegar (vt)	[pe'gar]
prendre en note	anotar (vt)	[ano'tar]
prendre le petit déjeuner	tomar café da manhã	[to'mar ka'fɛ da ma'ɲã]
préparer (le dîner)	preparar (vt)	[prepa'rar]

prévoir (vt)	prever (vt)	[pre'ver]
prier (~ Dieu)	rezar, orar (vi)	[he'zar], [o'rar]
promettre (vt)	prometer (vt)	[prome'ter]
prononcer (vt)	pronunciar (vt)	[pronũ'sjar]
proposer (vt)	propor (vt)	[pro'por]
punir (vt)	punir (vt)	[pu'nir]

13. Les verbes les plus importants. Partie 4

recommander (vt)	recomendar (vt)	[hekomẽ'dar]
regretter (vt)	arrepender-se (vr)	[ahepẽ'dersi]
répéter (dire encore)	repetir (vt)	[hepe'tʃir]
répondre (vi, vt)	responder (vt)	[hespõ'der]
réserver (une chambre)	reservar (vt)	[hezer'var]
rester silencieux	ficar em silêncio	[fi'kar ẽ si'lẽsju]
réunir (regrouper)	unir (vt)	[u'nir]
rire (vi)	rir (vi)	[hir]
s'arrêter (vp)	parar (vi)	[pa'rar]
s'asseoir (vp)	sentar-se (vr)	[sẽ'tarsi]
sauver (la vie à qn)	salvar (vt)	[saw'var]
savoir (qch)	saber (vt)	[sa'ber]
se baigner (vp)	ir nadar	[ir na'dar]
se plaindre (vp)	queixar-se (vr)	[kej'ʃarsi]
se refuser (vp)	negar-se (vt)	[ne'garsi]
se tromper (vp)	errar (vi)	[e'har]
se vanter (vp)	gabar-se (vr)	[ga'barsi]
s'étonner (vp)	surpreender-se (vr)	[surprjẽ'dersi]
s'excuser (vp)	desculpar-se (vr)	[dʒiskuw'parsi]
signer (vt)	assinar (vt)	[asi'nar]
signifier (vt)	significar (vt)	[signifi'kar]
s'intéresser (vp)	interessar-se (vr)	[ĩtere'sarsi]
sortir (aller dehors)	sair (vi)	[sa'ir]
sourire (vi)	sorrir (vi)	[so'hir]
sous-estimer (vt)	subestimar (vt)	[subestʃi'mar]
suivre ... (suivez-moi)	seguir ...	[se'gir]
tirer (vi)	disparar, atirar (vi)	[dʒispa'rar], [atʃi'rar]
tomber (vi)	cair (vi)	[ka'ir]
toucher (avec les mains)	tocar (vt)	[to'kar]
tourner (~ à gauche)	virar (vi)	[vi'rar]
traduire (vt)	traduzir (vt)	[tradu'zir]
travailler (vi)	trabalhar (vi)	[traba'ʎar]
tromper (vt)	enganar (vi)	[ẽga'nar]
trouver (vt)	encontrar (vt)	[ẽkõ'trar]
tuer (vt)	matar (vt)	[ma'tar]
vendre (vt)	vender (vt)	[vẽ'der]
venir (vi)	chegar (vi)	[ʃe'gar]
voir (vt)	ver (vt)	[ver]

voler (avion, oiseau)   voar (vi)   [vo'ar]
voler (qch à qn)   roubar (vt)   [ho'bar]
vouloir (vt)   querer (vt)   [ke'rer]

14. Les couleurs

couleur (f)   cor (f)   [kɔr]
teinte (f)   tom (m)   [tõ]
ton (m)   tonalidade (m)   [tonali'dadʒi]
arc-en-ciel (m)   arco-íris (m)   ['arku 'iris]

blanc (adj)   branco   ['brãku]
noir (adj)   preto   ['pretu]
gris (adj)   cinza   ['sĩza]

vert (adj)   verde   ['verdʒi]
jaune (adj)   amarelo   [ama'rɛlu]
rouge (adj)   vermelho   [ver'meʎu]

bleu (adj)   azul   [a'zuw]
bleu clair (adj)   azul claro   [a'zuw 'klaru]
rose (adj)   rosa   ['hɔza]
orange (adj)   laranja   [la'rãʒa]
violet (adj)   violeta   [vjo'leta]
brun (adj)   marrom   [ma'hõ]

d'or (adj)   dourado   [do'radu]
argenté (adj)   prateado   [pra'tʃjadu]

beige (adj)   bege   ['bɛʒi]
crème (adj)   creme   ['krɛmi]
turquoise (adj)   turquesa   [tur'keza]
rouge cerise (adj)   vermelho cereja   [ver'meʎu se'reʒa]
lilas (adj)   lilás   [li'las]
framboise (adj)   carmim   [kah'mĩ]

clair (adj)   claro   ['klaru]
foncé (adj)   escuro   [is'kuru]
vif (adj)   vivo   ['vivu]

de couleur (adj)   de cor   [de kɔr]
en couleurs (adj)   a cores   [a 'kores]
noir et blanc (adj)   preto e branco   ['pretu i 'brãku]
unicolore (adj)   de uma só cor   [de 'uma sɔ kɔr]
multicolore (adj)   multicolor   [muwtʃiko'lor]

15. Les questions

Qui?   Quem?   [kẽj]
Quoi?   O que?   [u ki]
Où? (~ es-tu?)   Onde?   ['õdʒi]
Où? (~ vas-tu?)   Para onde?   ['para 'õdʒi]

D'où?	De onde?	[de 'õdʒi]
Quand?	Quando?	['kwãdu]
Pourquoi? (~ es-tu venu?)	Para quê?	['para ke]
Pourquoi? (~ t'es pâle?)	Por quê?	[por 'ke]
À quoi bon?	Para quê?	['para ke]
Comment?	Como?	['kɔmu]
Quel? (à ~ prix?)	Qual?	[kwaw]
Lequel?	Qual?	[kwaw]
À qui? (pour qui?)	A quem?	[a kẽj]
De qui?	De quem?	[de kẽj]
De quoi?	Do quê?	[du ke]
Avec qui?	Com quem?	[kõ kẽj]
Combien? (dénombr.)	Quantos? -as?	['kwãtus, -as]
Combien? (indénombr.)	Quanto?	['kwãtu]
À qui? (~ est ce livre?)	De quem?	[de kẽj]

16. Les prépositions

avec (~ toi)	com	[kõ]
sans (~ sucre)	sem	[sẽ]
à (aller ~ ...)	a ..., para ...	[a], ['para]
de (au sujet de)	sobre ...	['sobri]
avant (~ midi)	antes de ...	['ãtʃis de]
devant (~ la maison)	em frente de ...	[ẽ 'frẽtʃi de]
sous (~ la commode)	debaixo de ...	[de'baɪʃu de]
au-dessus de ...	sobre ..., em cima de ...	['sobri], [ẽ 'sima de]
sur (dessus)	em ..., sobre ...	[ẽ], ['sobri]
de (venir ~ Paris)	de ...	[de]
en (en bois, etc.)	de ...	[de]
dans (~ deux heures)	em ...	[ẽ]
par dessus	por cima de ...	[por 'sima de]

17. Les mots-outils. Les adverbes. Partie 1

Où? (~ es-tu?)	Onde?	['õdʒi]
ici (c'est ~)	aqui	[a'ki]
là-bas (c'est ~)	lá, ali	[la], [a'li]
quelque part (être)	em algum lugar	[ẽ aw'gũ lu'gar]
nulle part (adv)	em lugar nenhum	[ẽ lu'gar ne'ɲũ]
près de ...	perto de ...	['pɛrtu de]
près de la fenêtre	perto da janela	['pɛrtu da ʒa'nɛla]
Où? (~ vas-tu?)	Para onde?	['para 'õdʒi]
ici (Venez ~)	aqui	[a'ki]
là-bas (j'irai ~)	para lá	['para la]

d'ici (adv)	daqui	[da'ki]
de là-bas (adv)	de lá, dali	[de la], [da'li]
près (pas loin)	perto	['pɛrtu]
loin (adv)	longe	['lõʒi]
près de (~ Paris)	perto de ...	['pɛrtu de]
tout près (adv)	à mão, perto	[a mãw], ['pɛrtu]
pas loin (adv)	não fica longe	['nãw 'fika 'lõʒi]
gauche (adj)	esquerdo	[is'kerdu]
à gauche (être ~)	à esquerda	[a is'kerda]
à gauche (tournez ~)	para a esquerda	['para a is'kerda]
droit (adj)	direito	[dʒi'rejtu]
à droite (être ~)	à direita	[a dʒi'rejta]
à droite (tournez ~)	para a direita	['para a dʒi'rejta]
devant (adv)	em frente	[ẽ 'frẽtʃi]
de devant (adj)	da frente	[da 'frẽtʃi]
en avant (adv)	adiante	[a'dʒjãtʃi]
derrière (adv)	atrás de ...	[a'trajs de]
par derrière (adv)	de trás	[de trajs]
en arrière (regarder ~)	para trás	['para trajs]
milieu (m)	meio (m), metade (f)	['meju], [me'tadʒi]
au milieu (adv)	no meio	[nu 'meju]
de côté (vue ~)	do lado	[du 'ladu]
partout (adv)	em todo lugar	[ẽ 'todu lu'gar]
autour (adv)	por todos os lados	[por 'todus os 'ladus]
de l'intérieur	de dentro	[de 'dẽtru]
quelque part (aller)	para algum lugar	['para aw'gũ lu'gar]
tout droit (adv)	diretamente	[dʒireta'mẽtʃi]
en arrière (revenir ~)	de volta	[de 'vɔwta]
de quelque part (n'import d'où)	de algum lugar	[de aw'gũ lu'gar]
de quelque part (on ne sait pas d'où)	de algum lugar	[de aw'gũ lu'gar]
premièrement (adv)	em primeiro lugar	[ẽ pri'mejru lu'gar]
deuxièmement (adv)	em segundo lugar	[ẽ se'gũdu lu'gar]
troisièmement (adv)	em terceiro lugar	[ẽ ter'sejru lu'gar]
soudain (adv)	de repente	[de he'pẽtʃi]
au début (adv)	no início	[nu i'nisju]
pour la première fois	pela primeira vez	['pɛla pri'mejra 'vez]
bien avant ...	muito antes de ...	['mwĩtu 'ãtʃis de]
de nouveau (adv)	de novo	[de 'novu]
pour toujours (adv)	para sempre	['para 'sẽpri]
jamais (adv)	nunca	['nũka]
de nouveau, encore (adv)	de novo	[de 'novu]

maintenant (adv)	agora	[a'gɔra]
souvent (adv)	frequentemente	[frekwẽtʃi'mẽtʃi]
alors (adv)	então	[ẽ'tãw]
d'urgence (adv)	urgentemente	[urʒẽte'mẽtʃi]
d'habitude (adv)	normalmente	[nɔrmaw'mẽtʃi]
à propos, ...	a propósito, ...	[a pro'pɔzitu]
c'est possible	é possível	[ɛ po'sivew]
probablement (adv)	provavelmente	[provavɛw'mẽtʃi]
peut-être (adv)	talvez	[taw'vez]
en plus, ...	além disso, ...	[a'lẽj 'dʒisu]
c'est pourquoi ...	por isso ...	[por 'isu]
malgré ...	apesar de ...	[ape'zar de]
grâce à ...	graças a ...	['grasas a]
quoi (pron)	que	[ki]
que (conj)	que	[ki]
quelque chose (Il m'est arrivé ~)	algo	[awgu]
quelque chose (peut-on faire ~)	alguma coisa	[aw'guma 'kojza]
rien (m)	nada	['nada]
qui (pron)	quem	[kẽj]
quelqu'un (on ne sait pas qui)	alguém	[aw'gẽj]
quelqu'un (n'importe qui)	alguém	[aw'gẽj]
personne (pron)	ninguém	[nĩ'gẽj]
nulle part (aller ~)	para lugar nenhum	['para lu'gar ne'ɲũ]
de personne	de ninguém	[de nĩ'gẽj]
de n'importe qui	de alguém	[de aw'gẽj]
comme ça (adv)	tão	[tãw]
également (adv)	também	[tã'bẽj]
aussi (adv)	também	[tã'bẽj]

18. Les mots-outils. Les adverbes. Partie 2

Pourquoi?	Por quê?	[por 'ke]
pour une certaine raison	por alguma razão	[por aw'guma ha'zãw]
parce que ...	porque ...	[por'ke]
pour une raison quelconque	por qualquer razão	[por kwaw'ker ha'zãw]
et (conj)	e	[i]
ou (conj)	ou	['o]
mais (conj)	mas	[mas]
pour ... (prep)	para	['para]
trop (adv)	muito, demais	['mwĩtu], [dʒi'majs]
seulement (adv)	só, somente	[sɔ], [sɔ'mẽtʃi]
précisément (adv)	exatamente	[ɛzata'mẽtʃi]
près de ... (prep)	cerca de ...	['serka de]
approximativement	aproximadamente	[aprosimada'mẽti]
approximatif (adj)	aproximado	[aprosi'madu]

presque (adv)	quase	['kwazi]
reste (m)	resto (m)	['hɛstu]

l'autre (adj)	o outro	[u 'otru]
autre (adj)	outro	['otru]
chaque (adj)	cada	['kada]
n'importe quel (adj)	qualquer	[kwaw'ker]
beaucoup de (dénombr.)	muitos, muitas	['mwĩtos], ['mwĩtas]
beaucoup de (indénombr.)	muito	['mwĩtu]
plusieurs (pron)	muitas pessoas	['mwĩtas pe'soas]
tous	todos	['todus]

en échange de ...	em troca de ...	[ẽ 'trɔka de]
en échange (adv)	em troca	[ẽ 'trɔka]
à la main (adv)	à mão	[a mãw]
peu probable (adj)	pouco provável	['poku pro'vavew]

probablement (adv)	provavelmente	[provavɛw'mẽtʃi]
exprès (adv)	de propósito	[de pro'pɔzitu]
par accident (adv)	por acidente	[por asi'dẽtʃi]

très (adv)	muito	['mwĩtu]
par exemple (adv)	por exemplo	[por e'zẽplu]
entre (prep)	entre	['ẽtri]
parmi (prep)	entre, no meio de ...	['ẽtri], [nu 'meju de]
autant (adv)	tanto	['tãtu]
surtout (adv)	especialmente	[ispesjal'mẽte]

Concepts de base. Partie 2

19. Les jours de la semaine

lundi (m)	segunda-feira (f)	[se'gũda-'fejra]
mardi (m)	terça-feira (f)	['tersa 'fejra]
mercredi (m)	quarta-feira (f)	['kwarta-'fejra]
jeudi (m)	quinta-feira (f)	['kĩta-'fejra]
vendredi (m)	sexta-feira (f)	['sesta-'fejra]
samedi (m)	sábado (m)	['sabadu]
dimanche (m)	domingo (m)	[do'mĩgu]
aujourd'hui (adv)	hoje	['oʒi]
demain (adv)	amanhã	[ama'ɲã]
après-demain (adv)	depois de amanhã	[de'pojs de ama'ɲã]
hier (adv)	ontem	['õtẽ]
avant-hier (adv)	anteontem	[ãtʃi'õtẽ]
jour (m)	dia (m)	['dʒia]
jour (m) ouvrable	dia (m) de trabalho	['dʒia de tra'baʎu]
jour (m) férié	feriado (m)	[fe'rjadu]
jour (m) de repos	dia (m) de folga	['dʒia de 'fɔwga]
week-end (m)	fim (m) de semana	[fĩ de se'mana]
toute la journée	o dia todo	[u 'dʒia 'todu]
le lendemain	no dia seguinte	[nu 'dʒia se'gĩtʃi]
il y a 2 jours	há dois dias	[a 'dojs 'dʒias]
la veille	na véspera	[na 'vɛspera]
quotidien (adj)	diário	['dʒjarju]
tous les jours	todos os dias	['todus us 'dʒias]
semaine (f)	semana (f)	[se'mana]
la semaine dernière	na semana passada	[na se'mana pa'sada]
la semaine prochaine	semana que vem	[se'mana ke vẽj]
hebdomadaire (adj)	semanal	[sema'naw]
chaque semaine	toda semana	['tɔda se'mana]
2 fois par semaine	duas vezes por semana	['duas 'vezis por se'mana]
tous les mardis	toda terça-feira	['tɔda tersa 'fejra]

20. Les heures. Le jour et la nuit

matin (m)	manhã (f)	[ma'ɲã]
le matin	de manhã	[de ma'ɲã]
midi (m)	meio-dia (m)	['meju 'dʒia]
dans l'après-midi	à tarde	[a 'tardʒi]
soir (m)	tardinha (f)	[tar'dʒiɲa]
le soir	à tardinha	[a tar'dʒiɲa]

nuit (f)	noite (f)	['nojtʃi]
la nuit	à noite	[a 'nojtʃi]
minuit (f)	meia-noite (f)	['meja 'nojtʃi]
seconde (f)	segundo (m)	[se'gũdu]
minute (f)	minuto (m)	[mi'nutu]
heure (f)	hora (f)	['ɔra]
demi-heure (f)	meia hora (f)	['meja 'ɔra]
un quart d'heure	quarto (m) de hora	['kwartu de 'ɔra]
quinze minutes	quinze minutos	['kĩzi mi'nutus]
vingt-quatre heures	vinte e quatro horas	['vĩtʃi i 'kwatru 'ɔras]
lever (m) du soleil	nascer (m) do sol	[na'ser du sɔw]
aube (f)	amanhecer (m)	[amaɲe'ser]
point (m) du jour	madrugada (f)	[madru'gada]
coucher (m) du soleil	pôr-do-sol (m)	[por du 'sɔw]
tôt le matin	de madrugada	[de madru'gada]
ce matin	esta manhã	['ɛsta ma'ɲã]
demain matin	amanhã de manhã	[ama'ɲã de ma'ɲã]
cet après-midi	esta tarde	['ɛsta 'tardʒi]
dans l'après-midi	à tarde	[a 'tardʒi]
demain après-midi	amanhã à tarde	[ama'ɲã a 'tardʒi]
ce soir	esta noite, hoje à noite	['ɛsta 'nojtʃi], ['oʒi a 'nojtʃi]
demain soir	amanhã à noite	[ama'ɲã a 'nojtʃi]
à 3 heures précises	às três horas em ponto	[as tres 'ɔras ẽ 'põtu]
autour de 4 heures	por volta das quatro	[por 'vɔwta das 'kwatru]
vers midi	às doze	[as 'dozi]
dans 20 minutes	em vinte minutos	[ẽ 'vĩtʃi mi'nutus]
dans une heure	em uma hora	[ẽ 'uma 'ɔra]
à temps	a tempo	[a 'tẽpu]
... moins le quart	... um quarto para	[... ũ 'kwartu 'para]
en une heure	dentro de uma hora	['dẽtru de 'uma 'ɔra]
tous les quarts d'heure	a cada quinze minutos	[a 'kada 'kĩzi mi'nutus]
24 heures sur 24	as vinte e quatro horas	[as 'vĩtʃi i 'kwatru 'ɔras]

21. Les mois. Les saisons

janvier (m)	janeiro (m)	[ʒa'nejru]
février (m)	fevereiro (m)	[feve'rejru]
mars (m)	março (m)	['marsu]
avril (m)	abril (m)	[a'briw]
mai (m)	maio (m)	['maju]
juin (m)	junho (m)	['ʒuɲu]
juillet (m)	julho (m)	['ʒuʎu]
août (m)	agosto (m)	[a'gostu]
septembre (m)	setembro (m)	[se'tẽbru]
octobre (m)	outubro (m)	[o'tubru]

novembre (m)	novembro (m)	[no'vẽbru]
décembre (m)	dezembro (m)	[de'zẽbru]
printemps (m)	primavera (f)	[prima'vɛra]
au printemps	na primavera	[na prima'vɛra]
de printemps (adj)	primaveril	[primave'riw]
été (m)	verão (m)	[ve'rãw]
en été	no verão	[nu ve'rãw]
d'été (adj)	de verão	[de ve'rãw]
automne (m)	outono (m)	[o'tɔnu]
en automne	no outono	[nu o'tɔnu]
d'automne (adj)	outonal	[oto'naw]
hiver (m)	inverno (m)	[ĩ'vɛrnu]
en hiver	no inverno	[nu ĩ'vɛrnu]
d'hiver (adj)	de inverno	[de ĩ'vɛrnu]
mois (m)	mês (m)	[mes]
ce mois	este mês	['estʃi mes]
le mois prochain	mês que vem	['mes ki vẽj]
le mois dernier	no mês passado	[no mes pa'sadu]
il y a un mois	um mês atrás	[ũ 'mes a'trajs]
dans un mois	em um mês	[ẽ ũ mes]
dans 2 mois	em dois meses	[ẽ dojs 'mezis]
tout le mois	todo o mês	['todu u mes]
tout un mois	um mês inteiro	[ũ mes ĩ'tejru]
mensuel (adj)	mensal	[mẽ'saw]
mensuellement	mensalmente	[mẽsaw'mẽtʃi]
chaque mois	todo mês	['todu 'mes]
2 fois par mois	duas vezes por mês	['duas 'vezis por mes]
année (f)	ano (m)	['anu]
cette année	este ano	['estʃi 'anu]
l'année prochaine	ano que vem	['anu ki vẽj]
l'année dernière	no ano passado	[nu 'anu pa'sadu]
il y a un an	há um ano	[a ũ 'anu]
dans un an	em um ano	[ẽ ũ 'anu]
dans 2 ans	dentro de dois anos	['dẽtru de 'dojs 'anus]
toute l'année	todo o ano	['todu u 'anu]
toute une année	um ano inteiro	[ũ 'anu ĩ'tejru]
chaque année	cada ano	['kada 'anu]
annuel (adj)	anual	[a'nwaw]
annuellement	anualmente	[anwaw'mẽte]
4 fois par an	quatro vezes por ano	['kwatru 'vezis por 'anu]
date (f) (jour du mois)	data (f)	['data]
date (f) (~ mémorable)	data (f)	['data]
calendrier (m)	calendário (m)	[kalẽ'darju]
six mois	meio ano	['meju 'anu]
semestre (m)	seis meses	[sejs 'mezis]

27

saison (f)	estação (f)	[ista'sãw]
siècle (m)	século (m)	['sɛkulu]

22. Les unités de mesure

poids (m)	peso (m)	['pezu]
longueur (f)	comprimento (m)	[kõpri'mẽtu]
largeur (f)	largura (f)	[lar'gura]
hauteur (f)	altura (f)	[aw'tura]
profondeur (f)	profundidade (f)	[profũdʒi'dadʒi]
volume (m)	volume (m)	[vo'lumi]
aire (f)	área (f)	['arja]
gramme (m)	grama (m)	['grama]
milligramme (m)	miligrama (m)	[mili'grama]
kilogramme (m)	quilograma (m)	[kilo'grama]
tonne (f)	tonelada (f)	[tune'lada]
livre (f)	libra (f)	['libra]
once (f)	onça (f)	['õsa]
mètre (m)	metro (m)	['mɛtru]
millimètre (m)	milímetro (m)	[mi'limetru]
centimètre (m)	centímetro (m)	[sẽ'tʃimetru]
kilomètre (m)	quilômetro (m)	[ki'lometru]
mille (m)	milha (f)	['miʎa]
pouce (m)	polegada (f)	[pole'gada]
pied (m)	pé (m)	[pɛ]
yard (m)	jarda (f)	['ʒarda]
mètre (m) carré	metro (m) quadrado	['mɛtru kwa'dradu]
hectare (m)	hectare (m)	[ek'tari]
litre (m)	litro (m)	['litru]
degré (m)	grau (m)	[graw]
volt (m)	volt (m)	['vowtʃi]
ampère (m)	ampère (m)	[ã'pɛri]
cheval-vapeur (m)	cavalo (m) de potência	[ka'valu de po'tẽsja]
quantité (f)	quantidade (f)	[kwãtʃi'dadʒi]
un peu de ...	um pouco de ...	[ũ 'poku de]
moitié (f)	metade (f)	[me'tadʒi]
douzaine (f)	dúzia (f)	['duzja]
pièce (f)	peça (f)	['pɛsa]
dimension (f)	tamanho (m), dimensão (f)	[ta'maɲu], [dʒimẽ'sãw]
échelle (f) (de la carte)	escala (f)	[is'kala]
minimal (adj)	mínimo	['minimu]
le plus petit (adj)	menor, mais pequeno	[me'nɔr], [majs pe'kenu]
moyen (adj)	médio	['mɛdʒju]
maximal (adj)	máximo	['masimu]
le plus grand (adj)	maior, mais grande	[ma'jor], [majs 'grãdʒi]

23. Les récipients

bocal (m) en verre	pote (m) de vidro	['pɔtʃi de 'vidru]
boîte, canette (f)	lata (f)	['lata]
seau (m)	balde (m)	['bawdʒi]
tonneau (m)	barril (m)	[ba'hiw]
bassine, cuvette (f)	bacia (f)	[ba'sia]
cuve (f)	tanque (m)	['tãki]
flasque (f)	cantil (m) de bolso	[kã'tʃiw dʒi 'bowsu]
jerrican (m)	galão (m) de gasolina	[ga'lãw de gazo'lina]
citerne (f)	cisterna (f)	[sis'tɛrna]
tasse (f), mug (m)	caneca (f)	[ka'nɛka]
tasse (f)	xícara (f)	['ʃikara]
soucoupe (f)	pires (m)	['piris]
verre (m) (~ d'eau)	copo (m)	['kɔpu]
verre (m) à vin	taça (f) de vinho	['tasa de 'viɲu]
faitout (m)	panela (f)	[pa'nɛla]
bouteille (f)	garrafa (f)	[ga'hafa]
goulot (m)	gargalo (m)	[gar'galu]
carafe (f)	jarra (f)	['ʒaha]
pichet (m)	jarro (m)	['ʒahu]
récipient (m)	recipiente (m)	[hesi'pjẽtʃi]
pot (m)	pote (m)	['pɔtʃi]
vase (m)	vaso (m)	['vazu]
flacon (m)	frasco (m)	['frasku]
fiole (f)	frasquinho (m)	[fras'kiɲu]
tube (m)	tubo (m)	['tubu]
sac (m) (grand ~)	saco (m)	['saku]
sac (m) (~ en plastique)	sacola (f)	[sa'kɔla]
paquet (m) (~ de cigarettes)	maço (m)	['masu]
boîte (f)	caixa (f)	['kaɪʃa]
caisse (f)	caixote (m)	[kaj'ʃɔtʃi]
panier (m)	cesto (m)	['sestu]

L'HOMME

L'homme. Le corps humain

24. La tête

tête (f)	cabeça (f)	[ka'besa]
visage (m)	rosto, cara (f)	['hostu], ['kara]
nez (m)	nariz (m)	[na'riz]
bouche (f)	boca (f)	['boka]
œil (m)	olho (m)	['oʎu]
les yeux	olhos (m pl)	['oʎus]
pupille (f)	pupila (f)	[pu'pila]
sourcil (m)	sobrancelha (f)	[sobrã'seʎa]
cil (m)	cílio (f)	['silju]
paupière (f)	pálpebra (f)	['pawpebra]
langue (f)	língua (f)	['lĩgwa]
dent (f)	dente (m)	['dẽtʃi]
lèvres (f pl)	lábios (m pl)	['labjus]
pommettes (f pl)	maçãs (f pl) do rosto	[ma'sãs du 'hostu]
gencive (f)	gengiva (f)	[ʒẽ'ʒiva]
palais (m)	palato (m)	[pa'latu]
narines (f pl)	narinas (f pl)	[na'rinas]
menton (m)	queixo (m)	['kejʃu]
mâchoire (f)	mandíbula (f)	[mã'dʒibula]
joue (f)	bochecha (f)	[bo'ʃeʃa]
front (m)	testa (f)	['tɛsta]
tempe (f)	têmpora (f)	['tẽpora]
oreille (f)	orelha (f)	[o'reʎa]
nuque (f)	costas (f pl) da cabeça	['kɔstas da ka'besa]
cou (m)	pescoço (m)	[pes'kosu]
gorge (f)	garganta (f)	[gar'gãta]
cheveux (m pl)	cabelo (m)	[ka'belu]
coiffure (f)	penteado (m)	[pẽ'tʃjadu]
coupe (f)	corte (m) de cabelo	['kɔrtʃi de ka'belu]
perruque (f)	peruca (f)	[pe'ruka]
moustache (f)	bigode (m)	[bi'gɔdʒi]
barbe (f)	barba (f)	['barba]
porter (~ la barbe)	ter (vt)	[ter]
tresse (f)	trança (f)	['trãsa]
favoris (m pl)	suíças (f pl)	['swisas]
roux (adj)	ruivo	['hwivu]
gris, grisonnant (adj)	grisalho	[gri'zaʎu]

| chauve (adj) | careca | [ka'rɛka] |
| calvitie (f) | calva (f) | ['kawvu] |

| queue (f) de cheval | rabo-de-cavalo (m) | ['habu-de-ka'valu] |
| frange (f) | franja (f) | ['frãʒa] |

25. Le corps humain

| main (f) | mão (f) | [mãw] |
| bras (m) | braço (m) | ['brasu] |

doigt (m)	dedo (m)	['dedu]
orteil (m)	dedo (m) do pé	['dedu du pɛ]
pouce (m)	polegar (m)	[pole'gar]
petit doigt (m)	dedo (m) mindinho	['dedu mĩ'dʒiɲu]
ongle (m)	unha (f)	['uɲa]

poing (m)	punho (m)	['puɲu]
paume (f)	palma (f)	['pawma]
poignet (m)	pulso (m)	['puwsu]
avant-bras (m)	antebraço (m)	[ãtʃi'brasu]
coude (m)	cotovelo (m)	[koto'velu]
épaule (f)	ombro (m)	['õbru]

jambe (f)	perna (f)	['pɛrna]
pied (m)	pé (m)	[pɛ]
genou (m)	joelho (m)	[ʒo'eʎu]
mollet (m)	panturrilha (f)	[pãtu'hiʎa]
hanche (f)	quadril (m)	[kwa'driw]
talon (m)	calcanhar (m)	[kawka'ɲar]

corps (m)	corpo (m)	['korpu]
ventre (m)	barriga (f), ventre (m)	[ba'higa], ['vẽtri]
poitrine (f)	peito (m)	['pejtu]
sein (m)	seio (m)	['seju]
côté (m)	lado (m)	['ladu]
dos (m)	costas (f pl)	['kɔstas]
reins (région lombaire)	região (f) lombar	[he'ʒjãw lõ'bar]
taille (f) (~ de guêpe)	cintura (f)	[sĩ'tura]

nombril (m)	umbigo (m)	[ũ'bigu]
fesses (f pl)	nádegas (f pl)	['nadegas]
derrière (m)	traseiro (m)	[tra'zejru]

grain (m) de beauté	sinal (m), pinta (f)	[si'naw], ['pĩta]
tache (f) de vin	sinal (m) de nascença	[si'naw de na'sẽsa]
tatouage (m)	tatuagem (f)	[ta'twaʒẽ]
cicatrice (f)	cicatriz (f)	[sika'triz]

Les vêtements & les accessoires

26. Les vêtements d'extérieur

vêtement (m)	roupa (f)	['hopa]
survêtement (m)	roupa (f) exterior	['hopa iste'rjor]
vêtement (m) d'hiver	roupa (f) de inverno	['hopa de ĩ'vɛrnu]
manteau (m)	sobretudo (m)	[sobri'tudu]
manteau (m) de fourrure	casaco (m) de pele	[kaz'aku de 'pɛli]
veste (f) de fourrure	jaqueta (f) de pele	[ʒa'keta de 'pɛli]
manteau (m) de duvet	casaco (m) acolchoado	[ka'zaku akow'ʃwadu]
veste (f) (~ en cuir)	casaco (m), jaqueta (f)	[kaz'aku], [ʒa'keta]
imperméable (m)	impermeável (m)	[ĩper'mjavew]
imperméable (adj)	a prova d'água	[a 'prɔva 'dagwa]

27. Men's & women's clothing

chemise (f)	camisa (f)	[ka'miza]
pantalon (m)	calça (f)	['kawsa]
jean (m)	jeans (m)	['dʒins]
veston (m)	paletó, terno (m)	[pale'tɔ], ['tɛrnu]
complet (m)	terno (m)	['tɛrnu]
robe (f)	vestido (m)	[ves'tʃidu]
jupe (f)	saia (f)	['saja]
chemisette (f)	blusa (f)	['bluza]
veste (f) en laine	casaco (m) de malha	[ka'zaku de 'maʎa]
jaquette (f), blazer (m)	casaco, blazer (m)	[ka'zaku], ['blejzer]
tee-shirt (m)	camiseta (f)	[kami'zɛta]
short (m)	short (m)	['ʃɔrtʃi]
costume (m) de sport	training (m)	['trejnĩŋ]
peignoir (m) de bain	roupão (m) de banho	[ho'pãw de 'baɲu]
pyjama (m)	pijama (m)	[pi'ʒama]
chandail (m)	suéter (m)	['swɛter]
pull-over (m)	pulôver (m)	[pu'lover]
gilet (m)	colete (m)	[ko'letʃi]
queue-de-pie (f)	fraque (m)	['fraki]
smoking (m)	smoking (m)	[iz'mokĩs]
uniforme (m)	uniforme (m)	[uni'fɔrmi]
tenue (f) de travail	roupa (f) de trabalho	['hopa de tra'baʎu]
salopette (f)	macacão (m)	[maka'kãws]
blouse (f) (d'un médecin)	jaleco (m), bata (f)	[ʒa'lɛku], ['bata]

28. Les sous-vêtements

sous-vêtements (m pl)	roupa (f) íntima	['hopa 'ĩtʃima]
boxer (m)	cueca boxer (f)	['kwɛka 'bɔkser]
slip (m) de femme	calcinha (f)	[kaw'siɲa]
maillot (m) de corps	camiseta (f)	[kami'zɛta]
chaussettes (f pl)	meias (f pl)	['mejas]
chemise (f) de nuit	camisola (f)	[kami'zɔla]
soutien-gorge (m)	sutiã (m)	[su'tʃjã]
chaussettes (f pl) hautes	meias longas (f pl)	['mejas 'lõgas]
collants (m pl)	meias-calças (f pl)	['mejas 'kalsas]
bas (m pl)	meias (f pl)	['mejas]
maillot (m) de bain	maiô (m)	[ma'jo]

29. Les chapeaux

chapeau (m)	chapéu (m), touca (f)	[ʃa'pɛw], ['toka]
chapeau (m) feutre	chapéu (m) de feltro	[ʃa'pɛw de 'fewtru]
casquette (f) de base-ball	boné (m) de beisebol	[bo'nɛ de bejsi'bɔw]
casquette (f)	boina (f)	['bojna]
béret (m)	boina (f) francesa	['bojna frã'seza]
capuche (f)	capuz (m)	[ka'puz]
panama (m)	chapéu panamá (m)	[ʃa'pɛw pana'ma]
bonnet (m) de laine	touca (f)	['toka]
foulard (m)	lenço (m)	['lẽsu]
chapeau (m) de femme	chapéu (m) feminino	[ʃa'pɛw femi'ninu]
casque (m) (d'ouvriers)	capacete (m)	[kapa'setʃi]
calot (m)	bibico (m)	[bi'biko]
casque (m) (~ de moto)	capacete (m)	[kapa'setʃi]
melon (m)	chapéu-coco (m)	[ʃa'pɛw 'koku]
haut-de-forme (m)	cartola (f)	[kar'tɔla]

30. Les chaussures

chaussures (f pl)	calçado (m)	[kaw'sadu]
bottines (f pl)	botinas (f pl), sapatos (m pl)	[bo'tʃinas], [sapa'tõjs]
souliers (m pl) (~ plats)	sapatos (m pl)	[sa'patus]
bottes (f pl)	botas (f pl)	['bɔtas]
chaussons (m pl)	pantufas (f pl)	[pã'tufas]
tennis (m pl)	tênis (m pl)	['tenis]
baskets (f pl)	tênis (m pl)	['tenis]
sandales (f pl)	sandálias (f pl)	[sã'dalias]
cordonnier (m)	sapateiro (m)	[sapa'tejru]
talon (m)	salto (m)	['sawtu]

paire (f)	par (m)	[par]
lacet (m)	cadarço (m)	[ka'darsu]
lacer (vt)	amarrar os cadarços	[ama'har us ka'darsus]
chausse-pied (m)	calçadeira (f)	[kawsa'dejra]
cirage (m)	graxa (f) para calçado	['graʃa 'para kaw'sadu]

31. Les accessoires personnels

gants (m pl)	luva (f)	['luva]
moufles (f pl)	mitenes (f pl)	[mi'tɛnes]
écharpe (f)	cachecol (m)	[kaʃe'kɔw]
lunettes (f pl)	óculos (m pl)	['ɔkulus]
monture (f)	armação (f)	[arma'sãw]
parapluie (m)	guarda-chuva (m)	['gwarda 'ʃuva]
canne (f)	bengala (f)	[bẽ'gala]
brosse (f) à cheveux	escova (f) para o cabelo	[is'kova 'para u ka'belu]
éventail (m)	leque (m)	['lɛki]
cravate (f)	gravata (f)	[gra'vata]
nœud papillon (m)	gravata-borboleta (f)	[gra'vata borbo'leta]
bretelles (f pl)	suspensórios (m pl)	[suspẽ'sɔrjus]
mouchoir (m)	lenço (m)	['lẽsu]
peigne (m)	pente (m)	['pẽtʃi]
barrette (f)	fivela (f) para cabelo	[fi'vɛla 'para ka'belu]
épingle (f) à cheveux	grampo (m)	['grãpu]
boucle (f)	fivela (f)	[fi'vɛla]
ceinture (f)	cinto (m)	['sĩtu]
bandoulière (f)	alça (f) de ombro	['awsa de 'õbru]
sac (m)	bolsa (f)	['bowsa]
sac (m) à main	bolsa, carteira (f)	['bowsa], [kar'tejra]
sac (m) à dos	mochila (f)	[mo'ʃila]

32. Les vêtements. Divers

mode (f)	moda (f)	['mɔda]
à la mode (adj)	na moda	[na 'mɔda]
couturier, créateur de mode	estilista (m)	[istʃi'lista]
col (m)	colarinho (m)	[kola'riɲu]
poche (f)	bolso (m)	['bowsu]
de poche (adj)	de bolso	[de 'bowsu]
manche (f)	manga (f)	['mãga]
bride (f)	ganchinho (m)	[gã'ʃiɲu]
braguette (f)	bragueta (f)	[bra'gwetʃi]
fermeture (f) à glissière	zíper (m)	['ziper]
agrafe (f)	colchete (m)	[kow'ʃetʃi]
bouton (m)	botão (m)	[bo'tãw]

boutonnière (f)	botoeira (f)	[bo'twejra]
s'arracher (bouton)	soltar-se (vr)	[sow'tarsi]
coudre (vi, vt)	costurar (vi)	[kostu'rar]
broder (vt)	bordar (vt)	[bor'dar]
broderie (f)	bordado (m)	[bor'dadu]
aiguille (f)	agulha (f)	[a'guʎa]
fil (m)	fio, linha (f)	['fiu], ['liɲa]
couture (f)	costura (f)	[kos'tura]
se salir (vp)	sujar-se (vr)	[su'ʒarsi]
tache (f)	mancha (f)	['mãʃa]
se froisser (vp)	amarrotar-se (vr)	[amaho'tarse]
déchirer (vt)	rasgar (vt)	[haz'gar]
mite (f)	traça (f)	['trasa]

33. L'hygiène corporelle. Les cosmétiques

dentifrice (m)	pasta (f) de dente	['pasta de 'dẽtʃi]
brosse (f) à dents	escova (f) de dente	[is'kova de 'dẽtʃi]
se brosser les dents	escovar os dentes	[isko'var us 'dẽtʃis]
rasoir (m)	gilete (f)	[ʒi'lɛtʃi]
crème (f) à raser	creme (m) de barbear	['krɛmi de bar'bjar]
se raser (vp)	barbear-se (vr)	[bar'bjarsi]
savon (m)	sabonete (m)	[sabo'netʃi]
shampooing (m)	xampu (m)	[ʃã'pu]
ciseaux (m pl)	tesoura (f)	[te'zora]
lime (f) à ongles	lixa (f) de unhas	['liʃa de 'uɲas]
pinces (f pl) à ongles	corta-unhas (m)	['kɔrta 'uɲas]
pince (f) à épiler	pinça (f)	['pĩsa]
produits (m pl) de beauté	cosméticos (m pl)	[koz'mɛtʃikus]
masque (m) de beauté	máscara (f)	['maskara]
manucure (f)	manicure (f)	[mani'kuri]
se faire les ongles	fazer as unhas	[fa'zer as 'uɲas]
pédicurie (f)	pedicure (f)	[pedi'kure]
trousse (f) de toilette	bolsa (f) de maquiagem	['bowsa de ma'kjaʒẽ]
poudre (f)	pó (m)	[pɔ]
poudrier (m)	pó (m) compacto	[pɔ kõ'paktu]
fard (m) à joues	blush (m)	[blaʃ]
parfum (m)	perfume (m)	[per'fumi]
eau (f) de toilette	água-de-colônia (f)	['agwa de ko'lonja]
lotion (f)	loção (f)	[lo'sãw]
eau de Cologne (f)	colônia (f)	[ko'lonja]
fard (m) à paupières	sombra (f) de olhos	['sõbra de 'oʎus]
crayon (m) à paupières	delineador (m)	[delinja'dor]
mascara (m)	máscara (f), rímel (m)	['maskara], ['himew]
rouge (m) à lèvres	batom (m)	['batõ]

vernis (m) à ongles	esmalte (m)	[iz'mawtʃi]
laque (f) pour les cheveux	laquê (m), spray fixador (m)	[la'ke], [is'prej fiksa'dor]
déodorant (m)	desodorante (m)	[dʒizodo'rãtʃi]
crème (f)	creme (m)	['krɛmi]
crème (f) pour le visage	creme (m) de rosto	['krɛmi de 'hostu]
crème (f) pour les mains	creme (m) de mãos	['krɛmi de 'mãws]
crème (f) anti-rides	creme (m) antirrugas	['krɛmi ãtʃi'hugas]
crème (f) de jour	creme (m) de dia	['krɛmi de 'dʒia]
crème (f) de nuit	creme (m) de noite	['krɛmi de 'nojtʃi]
de jour (adj)	de dia	[de 'dʒia]
de nuit (adj)	da noite	[da 'nojtʃi]
tampon (m)	absorvente (m) interno	[absor'vẽtʃi ĩ'tɛrnu]
papier (m) de toilette	papel (m) higiênico	[pa'pɛw i'ʒjeniku]
sèche-cheveux (m)	secador (m) de cabelo	[seka'dor de ka'belu]

34. Les montres. Les horloges

montre (f)	relógio (m) de pulso	[he'lɔʒu de 'puwsu]
cadran (m)	mostrador (m)	[mostra'dor]
aiguille (f)	ponteiro (m)	[põ'tejru]
bracelet (m)	bracelete (f) em aço	[brase'letʃi ẽ 'asu]
bracelet (m) (en cuir)	bracelete (f) em couro	[brase'letʃi ẽ 'koru]
pile (f)	pilha (f)	['piʎa]
être déchargé	acabar (vi)	[aka'bar]
changer de pile	trocar a pilha	[tro'kar a 'piʎa]
avancer (vi)	estar adiantado	[is'tar adʒjã'tadu]
retarder (vi)	estar atrasado	[is'tar atra'zadu]
pendule (f)	relógio (m) de parede	[he'lɔʒu de pa'redʒi]
sablier (m)	ampulheta (f)	[ãpu'ʎeta]
cadran (m) solaire	relógio (m) de sol	[he'lɔʒu de sɔw]
réveil (m)	despertador (m)	[dʒisperta'dor]
horloger (m)	relojoeiro (m)	[helo'ʒwejru]
réparer (vt)	reparar (vt)	[hepa'rar]

Les aliments. L'alimentation

35. Les aliments

viande (f)	carne (f)	['karni]
poulet (m)	galinha (f)	[ga'liɲa]
poulet (m) (poussin)	frango (m)	['frãgu]
canard (m)	pato (m)	['patu]
oie (f)	ganso (m)	['gãsu]
gibier (m)	caça (f)	['kasa]
dinde (f)	peru (m)	[pe'ru]
du porc	carne (f) de porco	['karni de 'porku]
du veau	carne (f) de vitela	['karni de vi'tɛla]
du mouton	carne (f) de carneiro	['karni de kar'nejru]
du bœuf	carne (f) de vaca	['karni de 'vaka]
lapin (m)	carne (f) de coelho	['karni de ko'eʎu]
saucisson (m)	linguiça (f), salsichão (m)	[lĩ'gwisa], [sawsi'ʃãw]
saucisse (f)	salsicha (f)	[saw'siʃa]
bacon (m)	bacon (m)	['bejkõ]
jambon (m)	presunto (m)	[pre'zũtu]
cuisse (f)	pernil (m) de porco	[per'niw de 'porku]
pâté (m)	patê (m)	[pa'te]
foie (m)	fígado (m)	['figadu]
farce (f)	guisado (m)	[gi'zadu]
langue (f)	língua (f)	['lĩgwa]
œuf (m)	ovo (m)	['ovu]
les œufs	ovos (m pl)	['ɔvus]
blanc (m) d'œuf	clara (f) de ovo	['klara de 'ovu]
jaune (m) d'œuf	gema (f) de ovo	['ʒɛma de 'ovu]
poisson (m)	peixe (m)	['pejʃi]
fruits (m pl) de mer	mariscos (m pl)	[ma'riskus]
crustacés (m pl)	crustáceos (m pl)	[krus'tasjus]
caviar (m)	caviar (m)	[ka'vjar]
crabe (m)	caranguejo (m)	[karã'geʒu]
crevette (f)	camarão (m)	[kama'rãw]
huître (f)	ostra (f)	['ostra]
langoustine (f)	lagosta (f)	[la'gosta]
poulpe (m)	polvo (m)	['powvu]
calamar (m)	lula (f)	['lula]
esturgeon (m)	esturjão (m)	[istur'ʒãw]
saumon (m)	salmão (m)	[saw'mãw]
flétan (m)	halibute (m)	[ali'butʃi]
morue (f)	bacalhau (m)	[baka'ʎaw]

maquereau (m)	cavala, sarda (f)	[ka'vala], ['sarda]
thon (m)	atum (m)	[a'tũ]
anguille (f)	enguia (f)	[ẽ'gia]
truite (f)	truta (f)	['truta]
sardine (f)	sardinha (f)	[sar'dʒiɲa]
brochet (m)	lúcio (m)	['lusju]
hareng (m)	arenque (m)	[a'rẽki]
pain (m)	pão (m)	[pãw]
fromage (m)	queijo (m)	['kejʒu]
sucre (m)	açúcar (m)	[a'sukar]
sel (m)	sal (m)	[saw]
riz (m)	arroz (m)	[a'hoz]
pâtes (m pl)	massas (f pl)	['masas]
nouilles (f pl)	talharim, miojo (m)	[taʎa'rĩ], [mi'oʒu]
beurre (m)	manteiga (f)	[mã'tejga]
huile (f) végétale	óleo (m) vegetal	['ɔlju veʒe'taw]
huile (f) de tournesol	óleo (m) de girassol	['ɔlju de ʒira'sɔw]
margarine (f)	margarina (f)	[marga'rina]
olives (f pl)	azeitonas (f pl)	[azej'tɔnas]
huile (f) d'olive	azeite (m)	[a'zejtʃi]
lait (m)	leite (m)	['lejtʃi]
lait (m) condensé	leite (m) condensado	['lejtʃi kõdẽ'sadu]
yogourt (m)	iogurte (m)	[jo'gurtʃi]
crème (f) aigre	creme azedo (m)	['krɛmi a'zedu]
crème (f) (de lait)	creme (m) de leite	['krɛmi de 'lejtʃi]
sauce (f) mayonnaise	maionese (f)	[majo'nɛzi]
crème (f) au beurre	creme (m)	['krɛmi]
gruau (m)	grãos (m pl) de cereais	['grãws de se'rjajs]
farine (f)	farinha (f)	[fa'riɲa]
conserves (f pl)	enlatados (m pl)	[ẽla'tadus]
pétales (m pl) de maïs	flocos (m pl) de milho	['flɔkus de 'miʎu]
miel (m)	mel (m)	[mɛw]
confiture (f)	geleia (f)	[ʒe'lɛja]
gomme (f) à mâcher	chiclete (m)	[ʃi'klɛtʃi]

36. Les boissons

eau (f)	água (f)	['agwa]
eau (f) potable	água (f) potável	['agwa pu'tavɛw]
eau (f) minérale	água (f) mineral	['agwa mine'raw]
plate (adj)	sem gás	[sẽ gajs]
gazeuse (l'eau ~)	gaseificada	[gazejfi'kadu]
pétillante (adj)	com gás	[kõ gajs]
glace (f)	gelo (m)	['ʒelu]

avec de la glace	com gelo	[kõ 'ʒelu]
sans alcool	não alcoólico	[nãw aw'kɔliku]
boisson (f) non alcoolisée	refrigerante (m)	[hefriʒe'ratʃi]
rafraîchissement (m)	refresco (m)	[he'fresku]
limonade (f)	limonada (f)	[limo'nada]
boissons (f pl) alcoolisées	bebidas (f pl) alcoólicas	[be'bidas aw'kɔlikas]
vin (m)	vinho (m)	['viɲu]
vin (m) blanc	vinho (m) branco	['viɲu 'brãku]
vin (m) rouge	vinho (m) tinto	['viɲu 'tʃĩtu]
liqueur (f)	licor (m)	[li'kor]
champagne (m)	champanhe (m)	[ʃã'paɲi]
vermouth (m)	vermute (m)	[ver'mutʃi]
whisky (m)	uísque (m)	['wiski]
vodka (f)	vodca (f)	['vɔdʒka]
gin (m)	gim (m)	[ʒĩ]
cognac (m)	conhaque (m)	[ko'ɲaki]
rhum (m)	rum (m)	[hũ]
café (m)	café (m)	[ka'fɛ]
café (m) noir	café (m) preto	[ka'fɛ 'pretu]
café (m) au lait	café (m) com leite	[ka'fɛ kõ 'lejtʃi]
cappuccino (m)	cappuccino (m)	[kapu'tʃinu]
café (m) soluble	café (m) solúvel	[ka'fɛ so'luvew]
lait (m)	leite (m)	['lejtʃi]
cocktail (m)	coquetel (m)	[koke'tɛw]
cocktail (m) au lait	batida (f), milkshake (m)	[ba'tʃida], ['milkʃejk]
jus (m)	suco (m)	['suku]
jus (m) de tomate	suco (m) de tomate	['suku de to'matʃi]
jus (m) d'orange	suco (m) de laranja	['suku de la'rãʒa]
jus (m) pressé	suco (m) fresco	['suku 'fresku]
bière (f)	cerveja (f)	[ser'veʒa]
bière (f) blonde	cerveja (f) clara	[ser'veʒa 'klara]
bière (f) brune	cerveja (f) preta	[ser'veʒa 'preta]
thé (m)	chá (m)	[ʃa]
thé (m) noir	chá (m) preto	[ʃa 'pretu]
thé (m) vert	chá (m) verde	[ʃa 'verdʒi]

37. Les légumes

légumes (m pl)	vegetais (m pl)	[veʒe'tajs]
verdure (f)	verdura (f)	[ver'dura]
tomate (f)	tomate (m)	[to'matʃi]
concombre (m)	pepino (m)	[pe'pinu]
carotte (f)	cenoura (f)	[se'nora]
pomme (f) de terre	batata (f)	[ba'tata]
oignon (m)	cebola (f)	[se'bola]

ail (m)	alho (m)	['aʎu]
chou (m)	couve (f)	['kovi]
chou-fleur (m)	couve-flor (f)	['kovi 'flɔr]
chou (m) de Bruxelles	couve-de-bruxelas (f)	['kovi de bru'ʃelas]
brocoli (m)	brócolis (m pl)	['brɔkolis]
betterave (f)	beterraba (f)	[bete'haba]
aubergine (f)	berinjela (f)	[berĩ'ʒɛla]
courgette (f)	abobrinha (f)	[abo'briɲa]
potiron (m)	abóbora (f)	[a'bɔbora]
navet (m)	nabo (m)	['nabu]
persil (m)	salsa (f)	['sawsa]
fenouil (m)	endro, aneto (m)	['ẽdru], [a'netu]
laitue (f) (salade)	alface (f)	[aw'fasi]
céleri (m)	aipo (m)	['ajpu]
asperge (f)	aspargo (m)	[as'pargu]
épinard (m)	espinafre (m)	[ispi'nafri]
pois (m)	ervilha (f)	[er'viʎa]
fèves (f pl)	feijão (m)	[fej'ʒãw]
maïs (m)	milho (m)	['miʎu]
haricot (m)	feijão (m) roxo	[fej'ʒãw 'hoʃu]
poivron (m)	pimentão (m)	[pimẽ'tãw]
radis (m)	rabanete (m)	[haba'netʃi]
artichaut (m)	alcachofra (f)	[awka'ʃofra]

38. Les fruits. Les noix

fruit (m)	fruta (f)	['fruta]
pomme (f)	maçã (f)	[ma'sã]
poire (f)	pera (f)	['pera]
citron (m)	limão (m)	[li'mãw]
orange (f)	laranja (f)	[la'rãʒa]
fraise (f)	morango (m)	[mo'rãgu]
mandarine (f)	tangerina (f)	[tãʒe'rina]
prune (f)	ameixa (f)	[a'mejʃa]
pêche (f)	pêssego (m)	['pesegu]
abricot (m)	damasco (m)	[da'masku]
framboise (f)	framboesa (f)	[frãbo'eza]
ananas (m)	abacaxi (m)	[abaka'ʃi]
banane (f)	banana (f)	[ba'nana]
pastèque (f)	melancia (f)	[melã'sia]
raisin (m)	uva (f)	['uva]
cerise (f)	ginja (f)	['ʒĩʒa]
merise (f)	cereja (f)	[se'reʒa]
melon (m)	melão (m)	[me'lãw]
pamplemousse (m)	toranja (f)	[to'rãʒa]
avocat (m)	abacate (m)	[aba'katʃi]
papaye (f)	mamão (m)	[ma'mãw]

mangue (f)	manga (f)	['mãga]
grenade (f)	romã (f)	['homa]

groseille (f) rouge	groselha (f) vermelha	[[gro'zɛʎa ver'meʎa]
cassis (m)	groselha (f) negra	[gro'zɛʎa 'negra]
groseille (f) verte	groselha (f) espinhosa	[gro'zɛʎa ispi'ɲoza]
myrtille (f)	mirtilo (m)	[mih'tʃilu]
mûre (f)	amora (f) silvestre	[a'mɔra siw'vɛstri]

raisin (m) sec	passa (f)	['pasa]
figue (f)	figo (m)	['figu]
datte (f)	tâmara (f)	['tamara]

cacahuète (f)	amendoim (m)	[amẽdo'ĩ]
amande (f)	amêndoa (f)	[a'mẽdwa]
noix (f)	noz (f)	[nɔz]
noisette (f)	avelã (f)	[ave'lã]
noix (f) de coco	coco (m)	['koku]
pistaches (f pl)	pistaches (m pl)	[pis'taʃis]

39. Le pain. Les confiseries

confiserie (f)	pastelaria (f)	[pastela'ria]
pain (m)	pão (m)	[pãw]
biscuit (m)	biscoito (m), bolacha (f)	[bis'kojtu], [bo'laʃa]

chocolat (m)	chocolate (m)	[ʃoko'latʃi]
en chocolat (adj)	de chocolate	[de ʃoko'latʃi]
bonbon (m)	bala (f)	['bala]
gâteau (m), pâtisserie (f)	doce (m), bolo (m) pequeno	['dosi], ['bolu pe'kenu]
tarte (f)	bolo (m) de aniversário	['bolu de aniver'sarju]

gâteau (m)	torta (f)	['tɔrta]
garniture (f)	recheio (m)	[he'ʃeju]

confiture (f)	geleia (f)	[ʒe'lɛja]
marmelade (f)	marmelada (f)	[marme'lada]
gaufre (f)	wafers (m pl)	['wafers]
glace (f)	sorvete (m)	[sor'vetʃi]
pudding (m)	pudim (m)	[pu'dʒĩ]

40. Les plats cuisinés

plat (m)	prato (m)	['pratu]
cuisine (f)	cozinha (f)	[ko'ziɲa]
recette (f)	receita (f)	[he'sejta]
portion (f)	porção (f)	[por'sãw]

salade (f)	salada (f)	[sa'lada]
soupe (f)	sopa (f)	['sopa]
bouillon (m)	caldo (m)	['kawdu]
sandwich (m)	sanduíche (m)	[sand'wiʃi]

les œufs brouillés	ovos (m pl) fritos	['ɔvus 'fritus]
hamburger (m)	hambúrguer (m)	[ã'burger]
steak (m)	bife (m)	['bifi]

garniture (f)	acompanhamento (m)	[akõpaɲa'mẽtu]
spaghettis (m pl)	espaguete (m)	[ispa'geti]
purée (f)	purê (m) de batata	[pu're de ba'tata]
pizza (f)	pizza (f)	['pitsa]
bouillie (f)	mingau (m)	[mĩ'gaw]
omelette (f)	omelete (f)	[ome'letʃi]

cuit à l'eau (adj)	fervido	[fer'vidu]
fumé (adj)	defumado	[defu'madu]
frit (adj)	frito	['fritu]
sec (adj)	seco	['seku]
congelé (adj)	congelado	[kõʒe'ladu]
mariné (adj)	em conserva	[ẽ kõ'serva]

sucré (adj)	doce	['dosi]
salé (adj)	salgado	[saw'gadu]
froid (adj)	frio	['friu]
chaud (adj)	quente	['kẽtʃi]
amer (adj)	amargo	[a'margu]
bon (savoureux)	gostoso	[gos'tozu]

cuire à l'eau	cozinhar em água fervente	[kozi'ɲar ẽ 'agwa fer'vẽtʃi]
préparer (le dîner)	preparar (vt)	[prepa'rar]
faire frire	fritar (vt)	[fri'tar]
réchauffer (vt)	aquecer (vt)	[ake'ser]

saler (vt)	salgar (vt)	[saw'gar]
poivrer (vt)	apimentar (vt)	[apimẽ'tar]
râper (vt)	ralar (vt)	[ha'lar]
peau (f)	casca (f)	['kaska]
éplucher (vt)	descascar (vt)	[dʒiskas'kar]

41. Les épices

sel (m)	sal (m)	[saw]
salé (adj)	salgado	[saw'gadu]
saler (vt)	salgar (vt)	[saw'gar]

poivre (m) noir	pimenta-do-reino (f)	[pi'mẽta-du-hejnu]
poivre (m) rouge	pimenta (f) vermelha	[pi'mẽta ver'meʎa]
moutarde (f)	mostarda (f)	[mos'tarda]
raifort (m)	raiz-forte (f)	[ha'iz fɔrtʃi]

condiment (m)	condimento (m)	[kõdʒi'mẽtu]
épice (f)	especiaria (f)	[ispesja'ria]
sauce (f)	molho (m)	['moʎu]
vinaigre (m)	vinagre (m)	[vi'nagri]

anis (m)	anis (m)	[a'nis]
basilic (m)	manjericão (m)	[mãʒeri'kãw]

clou (m) de girofle	cravo (m)	['kravu]
gingembre (m)	gengibre (m)	[ʒẽ'ʒibri]
coriandre (m)	coentro (m)	[ko'ẽtru]
cannelle (f)	canela (f)	[ka'nɛla]

sésame (m)	gergelim (m)	[ʒerʒe'lĩ]
feuille (f) de laurier	folha (f) de louro	['foʎaʃ de 'loru]
paprika (m)	páprica (f)	['paprika]
cumin (m)	cominho (m)	[ko'miɲu]
safran (m)	açafrão (m)	[asa'frãw]

42. Les repas

| nourriture (f) | comida (f) | [ko'mida] |
| manger (vi, vt) | comer (vt) | [ko'mer] |

petit déjeuner (m)	café (m) da manhã	[ka'fɛ da ma'ɲã]
prendre le petit déjeuner	tomar café da manhã	[to'mar ka'fɛ da ma'ɲã]
déjeuner (m)	almoço (m)	[aw'mosu]
déjeuner (vi)	almoçar (vi)	[awmo'sar]
dîner (m)	jantar (m)	[ʒã'tar]
dîner (vi)	jantar (vi)	[ʒã'tar]

| appétit (m) | apetite (m) | [ape'tʃitʃi] |
| Bon appétit! | Bom apetite! | [bõ ape'tʃitʃi] |

ouvrir (vt)	abrir (vt)	[a'brir]
renverser (liquide)	derramar (vt)	[deha'mar]
se renverser (liquide)	derramar-se (vr)	[deha'marsi]

bouillir (vi)	ferver (vi)	[fer'ver]
faire bouillir	ferver (vt)	[fer'ver]
bouilli (l'eau ~e)	fervido	[fer'vidu]

| refroidir (vt) | esfriar (vt) | [is'frjar] |
| se refroidir (vp) | esfriar-se (vr) | [is'frjarse] |

| goût (m) | sabor, gosto (m) | [sa'bor], ['gostu] |
| arrière-goût (m) | fim (m) de boca | [fĩ de 'boka] |

suivre un régime	emagrecer (vi)	[imagre'ser]
régime (m)	dieta (f)	['dʒjɛta]
vitamine (f)	vitamina (f)	[vita'mina]
calorie (f)	caloria (f)	[kalo'ria]

| végétarien (m) | vegetariano (m) | [veʒeta'rjanu] |
| végétarien (adj) | vegetariano | [veʒeta'rjanu] |

lipides (m pl)	gorduras (f pl)	[gor'duras]
protéines (f pl)	proteínas (f pl)	[prote'inas]
glucides (m pl)	carboidratos (m pl)	[karboi'dratus]
tranche (f)	fatia (f)	[fa'tʃia]
morceau (m)	pedaço (m)	[pe'dasu]
miette (f)	migalha (f), farelo (m)	[mi'gaʎa], [fa'rɛlu]

43. Le dressage de la table

cuillère (f)	colher (f)	[ko'ʎer]
couteau (m)	faca (f)	['faka]
fourchette (f)	garfo (m)	['garfu]
tasse (f)	xícara (f)	['ʃikara]
assiette (f)	prato (m)	['pratu]
soucoupe (f)	pires (m)	['piris]
serviette (f)	guardanapo (m)	[gwarda'napu]
cure-dent (m)	palito (m)	[pa'litu]

44. Le restaurant

restaurant (m)	restaurante (m)	[hestaw'rãtʃi]
salon (m) de café	cafeteria (f)	[kafete'ria]
bar (m)	bar (m), cervejaria (f)	[bar], [serveʒa'ria]
salon (m) de thé	salão (m) de chá	[sa'lãw de ʃa]
serveur (m)	garçom (m)	[gar'sõ]
serveuse (f)	garçonete (f)	[garso'netʃi]
barman (m)	barman (m)	[bar'mã]
carte (f)	cardápio (m)	[kar'dapju]
carte (f) des vins	lista (f) de vinhos	['lista de 'viɲus]
réserver une table	reservar uma mesa	[hezer'var 'uma 'meza]
plat (m)	prato (m)	['pratu]
commander (vt)	pedir (vt)	[pe'dʒir]
faire la commande	fazer o pedido	[fa'zer u pe'dʒidu]
apéritif (m)	aperitivo (m)	[aperi'tʃivu]
hors-d'œuvre (m)	entrada (f)	[ẽ'trada]
dessert (m)	sobremesa (f)	[sobri'meza]
addition (f)	conta (f)	['kõta]
régler l'addition	pagar a conta	[pa'gar a 'kõta]
rendre la monnaie	dar o troco	[dar u 'troku]
pourboire (m)	gorjeta (f)	[gor'ʒeta]

La famille. Les parents. Les amis

45. Les données personnelles. Les formulaires

prénom (m)	nome (m)	['nɔmi]
nom (m) de famille	sobrenome (m)	[sobri'nɔmi]
date (f) de naissance	data (f) de nascimento	['data de nasi'mẽtu]
lieu (m) de naissance	local (m) de nascimento	[lo'kaw de nasi'mẽtu]
nationalité (f)	nacionalidade (f)	[nasjonali'dadʒi]
domicile (m)	lugar (m) de residência	[lu'gar de hezi'dẽsja]
pays (m)	país (m)	[pa'jis]
profession (f)	profissão (f)	[profi'sãw]
sexe (m)	sexo (m)	['sɛksu]
taille (f)	estatura (f)	[ista'tura]
poids (m)	peso (m)	['pezu]

46. La famille. Les liens de parenté

mère (f)	mãe (f)	[mãj]
père (m)	pai (m)	[paj]
fils (m)	filho (m)	['fiʎu]
fille (f)	filha (f)	['fiʎa]
fille (f) cadette	caçula (f)	[ka'sula]
fils (m) cadet	caçula (m)	[ka'sula]
fille (f) aînée	filha (f) mais velha	['fiʎa majs 'vɛʎa]
fils (m) aîné	filho (m) mais velho	['fiʎu majs 'vɛʎu]
frère (m)	irmão (m)	[ir'mãw]
frère (m) aîné	irmão (m) mais velho	[ir'mãw majs 'vɛʎu]
frère (m) cadet	irmão (m) mais novo	[ir'mãw majs 'novu]
sœur (f)	irmã (f)	[ir'mã]
sœur (f) aînée	irmã (f) mais velha	[ir'mã majs 'vɛʎa]
sœur (f) cadette	irmã (f) mais nova	[ir'mã majs 'nɔva]
cousin (m)	primo (m)	['primu]
cousine (f)	prima (f)	['prima]
maman (f)	mamãe (f)	[ma'mãj]
papa (m)	papai (m)	[pa'paj]
parents (m pl)	pais (pl)	['pajs]
enfant (m, f)	criança (f)	['krjãsa]
enfants (pl)	crianças (f pl)	['krjãsas]
grand-mère (f)	avó (f)	[a'vo]
grand-père (m)	avô (m)	[a'vɔ]
petit-fils (m)	neto (m)	['nɛtu]

petite-fille (f)	neta (f)	['nɛta]
petits-enfants (pl)	netos (pl)	['nɛtus]
oncle (m)	tio (m)	['tʃiu]
tante (f)	tia (f)	['tʃia]
neveu (m)	sobrinho (m)	[so'briɲu]
nièce (f)	sobrinha (f)	[so'briɲa]
belle-mère (f)	sogra (f)	['sɔgra]
beau-père (m)	sogro (m)	['sogru]
gendre (m)	genro (m)	['ʒẽhu]
belle-mère (f)	madrasta (f)	[ma'drasta]
beau-père (m)	padrasto (m)	[pa'drastu]
nourrisson (m)	criança (f) de colo	['krjãsa de 'kɔlu]
bébé (m)	bebê (m)	[be'be]
petit (m)	menino (m)	[me'ninu]
femme (f)	mulher (f)	[mu'ʎer]
mari (m)	marido (m)	[ma'ridu]
époux (m)	esposo (m)	[is'pozu]
épouse (f)	esposa (f)	[is'poza]
marié (adj)	casado	[ka'zadu]
mariée (adj)	casada	[ka'zada]
célibataire (adj)	solteiro	[sow'tejru]
célibataire (m)	solteirão (m)	[sowtej'rãw]
divorcé (adj)	divorciado	[dʒivor'sjadu]
veuve (f)	viúva (f)	['vjuva]
veuf (m)	viúvo (m)	['vjuvu]
parent (m)	parente (m)	[pa'rẽtʃi]
parent (m) proche	parente (f) próximo	[pa'rẽtʃi 'prɔsimu]
parent (m) éloigné	parente (m) distante	[pa'rẽtʃi dʒis'tãtʃi]
parents (m pl)	parentes (m pl)	[pa'rẽtʃis]
orphelin (m)	órfão (m)	['ɔrfãw]
orpheline (f)	órfã (f)	['ɔrfã]
tuteur (m)	tutor (m)	[tu'tor]
adopter (un garçon)	adotar (vt)	[ado'tar]
adopter (une fille)	adotar (vt)	[ado'tar]

La médecine

47. Les maladies

maladie (f)	doença (f)	[do'ẽsa]
être malade	estar doente	[is'tar do'ẽtʃi]
santé (f)	saúde (f)	[sa'udʒi]
rhume (m) (coryza)	nariz (m) escorrendo	[na'riz isko'hẽdu]
angine (f)	amigdalite (f)	[amigda'litʃi]
refroidissement (m)	resfriado (m)	[hes'frjadu]
prendre froid	ficar resfriado	[fi'kar hes'frjadu]
bronchite (f)	bronquite (f)	[brõ'kitʃi]
pneumonie (f)	pneumonia (f)	[pnewmo'nia]
grippe (f)	gripe (f)	['gripi]
myope (adj)	míope	['miopi]
presbyte (adj)	presbita	[pres'bita]
strabisme (m)	estrabismo (m)	[istra'bizmu]
strabique (adj)	estrábico, vesgo	[is'trabiku], ['vezgu]
cataracte (f)	catarata (f)	[kata'rata]
glaucome (m)	glaucoma (m)	[glaw'koma]
insulte (f)	AVC (m), apoplexia (f)	[ave'se], [apople'ksia]
crise (f) cardiaque	ataque (m) cardíaco	[a'taki kar'dʒiaku]
infarctus (m) de myocarde	enfarte (m) do miocárdio	[ẽ'fartʃi du mjo'kardʒiu]
paralysie (f)	paralisia (f)	[parali'zia]
paralyser (vt)	paralisar (vt)	[parali'zar]
allergie (f)	alergia (f)	[aler'ʒia]
asthme (m)	asma (f)	['azma]
diabète (m)	diabetes (f)	[dʒja'bɛtʃis]
mal (m) de dents	dor (f) de dente	[dor de 'dẽtʃi]
carie (f)	cárie (f)	['kari]
diarrhée (f)	diarreia (f)	[dʒja'hɛja]
constipation (f)	prisão (f) de ventre	[pri'zãw de 'vẽtri]
estomac (m) barbouillé	desarranjo (m) intestinal	[dʒiza'hãʒu ĩtestʃi'naw]
intoxication (f) alimentaire	intoxicação (f) alimentar	[ĩtoksika'sãw alimẽ'tar]
être intoxiqué	intoxicar-se	[ĩtoksi'karsi]
arthrite (f)	artrite (f)	[ar'tritʃi]
rachitisme (m)	raquitismo (m)	[haki'tʃizmu]
rhumatisme (m)	reumatismo (m)	[hewma'tʃizmu]
athérosclérose (f)	arteriosclerose (f)	[arterjoskle'rɔzi]
gastrite (f)	gastrite (f)	[gas'tritʃi]
appendicite (f)	apendicite (f)	[apẽdʒi'sitʃi]

cholécystite (f)	colecistite (f)	[kulesi'stʃitʃi]
ulcère (m)	úlcera (f)	['uwsera]
rougeole (f)	sarampo (m)	[sa'rãpu]
rubéole (f)	rubéola (f)	[hu'bɛola]
jaunisse (f)	icterícia (f)	[ikte'risja]
hépatite (f)	hepatite (f)	[epa'tʃitʃi]
schizophrénie (f)	esquizofrenia (f)	[iskizofre'nia]
rage (f) (hydrophobie)	raiva (f)	['hajva]
névrose (f)	neurose (f)	[new'rɔzi]
commotion (f) cérébrale	contusão (f) cerebral	[kõtu'zãw sere'braw]
cancer (m)	câncer (m)	['kãser]
sclérose (f)	esclerose (f)	[iskle'rɔzi]
sclérose (f) en plaques	esclerose (f) múltipla	[iskle'rɔzi 'muwtʃipla]
alcoolisme (m)	alcoolismo (m)	[awko'lizmu]
alcoolique (m)	alcoólico (m)	[aw'kɔliku]
syphilis (f)	sífilis (f)	['sifilis]
SIDA (m)	AIDS (f)	['ajdʒs]
tumeur (f)	tumor (m)	[tu'mor]
maligne (adj)	maligno	[ma'lignu]
bénigne (adj)	benigno	[be'nignu]
fièvre (f)	febre (f)	['fɛbri]
malaria (f)	malária (f)	[ma'larja]
gangrène (f)	gangrena (f)	[gã'grena]
mal (m) de mer	enjoo (m)	[ẽ'ʒou]
épilepsie (f)	epilepsia (f)	[epile'psia]
épidémie (f)	epidemia (f)	[epide'mia]
typhus (m)	tifo (m)	['tʃifu]
tuberculose (f)	tuberculose (f)	[tuberku'lɔzi]
choléra (m)	cólera (f)	['kɔlera]
peste (f)	peste (f) bubônica	['pɛstʃi bu'bonika]

48. Les symptômes. Le traitement. Partie 1

symptôme (m)	sintoma (m)	[sĩ'tɔma]
température (f)	temperatura (f)	[tẽpera'tura]
fièvre (f)	febre (f)	['fɛbri]
pouls (m)	pulso (m)	['puwsu]
vertige (m)	vertigem (f)	[ver'tʃiʒẽ]
chaud (adj)	quente	['kẽtʃi]
frisson (m)	calafrio (m)	[kala'friu]
pâle (adj)	pálido	['palidu]
toux (f)	tosse (f)	['tɔsi]
tousser (vi)	tossir (vi)	[to'sir]
éternuer (vi)	espirrar (vi)	[ispi'har]
évanouissement (m)	desmaio (m)	[dʒiz'maju]

s'évanouir (vp)	desmaiar (vi)	[dʒizma'jar]
bleu (m)	mancha (f) preta	['mãʃa 'preta]
bosse (f)	galo (m)	['galu]
se heurter (vp)	machucar-se (vr)	[maʃu'karsi]
meurtrissure (f)	contusão (f)	[kõtu'zãw]
se faire mal	machucar-se (vr)	[maʃu'karsi]
boiter (vi)	mancar (vi)	[mã'kar]
foulure (f)	deslocamento (f)	[dʒizloka'mẽtu]
se démettre (l'épaule, etc.)	deslocar (vt)	[dʒizlo'kar]
fracture (f)	fratura (f)	[fra'tura]
avoir une fracture	fraturar (vt)	[fratu'rar]
coupure (f)	corte (m)	['kɔrtʃi]
se couper (~ le doigt)	cortar-se (vr)	[kor'tarsi]
hémorragie (f)	hemorragia (f)	[emoha'ʒia]
brûlure (f)	queimadura (f)	[kejma'dura]
se brûler (vp)	queimar-se (vr)	[kej'marsi]
se piquer (le doigt)	picar (vt)	[pi'kar]
se piquer (vp)	picar-se (vr)	[pi'karsi]
blesser (vt)	lesionar (vt)	[lezjo'nar]
blessure (f)	lesão (m)	[le'zãw]
plaie (f) (blessure)	ferida (f), ferimento (m)	[fe'rida], [feri'mẽtu]
trauma (m)	trauma (m)	['trawma]
délirer (vi)	delirar (vi)	[deli'rar]
bégayer (vi)	gaguejar (vi)	[gage'ʒar]
insolation (f)	insolação (f)	[insola'sãw]

49. Les symptômes. Le traitement. Partie 2

douleur (f)	dor (f)	[dor]
écharde (f)	farpa (f)	['farpa]
sueur (f)	suor (m)	[swɔr]
suer (vi)	suar (vi)	[swar]
vomissement (m)	vômito (m)	['vomitu]
spasmes (m pl)	convulsões (f pl)	[kõvuw'sõjs]
enceinte (adj)	grávida	['gravida]
naître (vi)	nascer (vi)	[na'ser]
accouchement (m)	parto (m)	['partu]
accoucher (vi)	dar à luz	[dar a luz]
avortement (m)	aborto (m)	[a'bortu]
respiration (f)	respiração (f)	[hespira'sãw]
inhalation (f)	inspiração (f)	[ĩspira'sãw]
expiration (f)	expiração (f)	[ispira'sãw]
expirer (vi)	expirar (vi)	[ispi'rar]
inspirer (vi)	inspirar (vi)	[ĩspi'rar]
invalide (m)	inválido (m)	[ĩ'validu]
handicapé (m)	aleijado (m)	[alej'ʒadu]

drogué (m)	drogado (m)	[dro'gadu]
sourd (adj)	surdo	['surdu]
muet (adj)	mudo	['mudu]
sourd-muet (adj)	surdo-mudo	['surdu-'mudu]
fou (adj)	louco, insano	['loku], [ĩ'sanu]
fou (m)	louco (m)	['loku]
folle (f)	louca (f)	['loka]
devenir fou	ficar louco	[fi'kar 'loku]
gène (m)	gene (m)	['ʒɛni]
immunité (f)	imunidade (f)	[imuni'daʤi]
héréditaire (adj)	hereditário	[ereʤi'tarju]
congénital (adj)	congênito	[kõ'ʒenitu]
virus (m)	vírus (m)	['virus]
microbe (m)	micróbio (m)	[mi'krɔbju]
bactérie (f)	bactéria (f)	[bak'tɛrja]
infection (f)	infecção (f)	[ĩfek'sãw]

50. Les symptômes. Le traitement. Partie 3

hôpital (m)	hospital (m)	[ospi'taw]
patient (m)	paciente (m)	[pa'sjẽtʃi]
diagnostic (m)	diagnóstico (m)	[ʤjag'nɔstʃiku]
cure (f) (faire une ~)	cura (f)	['kura]
traitement (m)	tratamento (m) médico	[trata'mẽtu 'mɛʤiku]
se faire soigner	curar-se (vr)	[ku'rarsi]
traiter (un patient)	tratar (vt)	[tra'tar]
soigner (un malade)	cuidar (vt)	[kwi'dar]
soins (m pl)	cuidado (m)	[kwi'dadu]
opération (f)	operação (f)	[opera'sãw]
panser (vt)	enfaixar (vt)	[ẽfaj'ʃar]
pansement (m)	enfaixamento (m)	[bã'daʒãj]
vaccination (f)	vacinação (f)	[vasina'sãw]
vacciner (vt)	vacinar (vt)	[vasi'nar]
piqûre (f)	injeção (f)	[inʒe'sãw]
faire une piqûre	dar uma injeção	[dar 'uma inʒe'sãw]
crise, attaque (f)	ataque (m)	[a'taki]
amputation (f)	amputação (f)	[ãputa'sãw]
amputer (vt)	amputar (vt)	[ãpu'tar]
coma (m)	coma (f)	['kɔma]
être dans le coma	estar em coma	[is'tar ẽ 'kɔma]
réanimation (f)	reanimação (f)	[hianima'sãw]
se rétablir (vp)	recuperar-se (vr)	[hekupe'rarsi]
état (m) (de santé)	estado (m)	[i'stadu]
conscience (f)	consciência (f)	[kõ'sjẽsja]
mémoire (f)	memória (f)	[me'mɔrja]
arracher (une dent)	tirar (vt)	[tʃi'rar]

plombage (m)	obturação (f)	[obitura'sãw]
plomber (vt)	obturar (vt)	[obitu'rar]
hypnose (f)	hipnose (f)	[ip'nɔzi]
hypnotiser (vt)	hipnotizar (vt)	[ipnotʃi'zar]

51. Les médecins

médecin (m)	médico (m)	['mɛdʒiku]
infirmière (f)	enfermeira (f)	[ẽfer'mejra]
médecin (m) personnel	médico (m) pessoal	['mɛdʒiku pe'swaw]
dentiste (m)	dentista (m)	[dẽ'tʃista]
ophtalmologiste (m)	oculista (m)	[oku'lista]
généraliste (m)	terapeuta (m)	[tera'pewta]
chirurgien (m)	cirurgião (m)	[sirur'ʒjãw]
psychiatre (m)	psiquiatra (m)	[psi'kjatra]
pédiatre (m)	pediatra (m)	[pe'dʒjatra]
psychologue (m)	psicólogo (m)	[psi'kɔlogu]
gynécologue (m)	ginecologista (m)	[ʒinekolo'ʒista]
cardiologue (m)	cardiologista (m)	[kardʒjolo'ʒista]

52. Les médicaments. Les accessoires

médicament (m)	medicamento (m)	[medʒika'mẽtu]
remède (m)	remédio (m)	[he'mɛdʒju]
prescrire (vt)	receitar (vt)	[hesej'tar]
ordonnance (f)	receita (f)	[he'sejta]
comprimé (m)	comprimido (m)	[kõpri'midu]
onguent (m)	unguento (m)	[ũ'gwẽtu]
ampoule (f)	ampola (f)	[ã'pɔla]
mixture (f)	solução, preparado (m)	[solu'sãw], [prepa'radu]
sirop (m)	xarope (m)	[ʃa'rɔpi]
pilule (f)	cápsula (f)	['kapsula]
poudre (f)	pó (m)	[pɔ]
bande (f)	atadura (f)	[ata'dura]
coton (m) (ouate)	algodão (m)	[awgo'dãw]
iode (m)	iodo (m)	['jodu]
sparadrap (m)	curativo (m) adesivo	[kura'tivu ade'zivu]
compte-gouttes (m)	conta-gotas (m)	['kõta 'gotas]
thermomètre (m)	termômetro (m)	[ter'mometru]
seringue (f)	seringa (f)	[se'rĩga]
fauteuil (m) roulant	cadeira (f) de rodas	[ka'dejra de 'hɔdas]
béquilles (f pl)	muletas (f pl)	[mu'letas]
anesthésique (m)	analgésico (m)	[anaw'ʒɛziku]
purgatif (m)	laxante (m)	[la'ʃãtʃi]

alcool (m)	álcool (m)	['awkɔw]
herbe (f) médicinale	ervas (f pl) medicinais	['ɛrvas medʒisi'najs]
d'herbes (adj)	de ervas	[de 'ɛrvas]

L'HABITAT HUMAIN

La ville

53. La ville. La vie urbaine

ville (f)	cidade (f)	[si'dadʒi]
capitale (f)	capital (f)	[kapi'taw]
village (m)	aldeia (f)	[aw'deja]

plan (m) de la ville	mapa (m) da cidade	['mapa da si'dadʒi]
centre-ville (m)	centro (m) da cidade	['sẽtru da si'dadʒi]
banlieue (f)	subúrbio (m)	[su'burbju]
de banlieue (adj)	suburbano	[subur'banu]

périphérie (f)	periferia (f)	[perife'ria]
alentours (m pl)	arredores (m pl)	[ahe'dɔris]
quartier (m)	quarteirão (m)	[kwartej'rãw]
quartier (m) résidentiel	quarteirão (m) residencial	[kwartej'rãw hezidẽ'sjaw]

trafic (m)	tráfego (m)	['trafegu]
feux (m pl) de circulation	semáforo (m)	[se'maforu]
transport (m) urbain	transporte (m) público	[trãs'pɔrtʃi 'publiku]
carrefour (m)	cruzamento (m)	[kruza'mẽtu]

passage (m) piéton	faixa (f)	['fajʃa]
passage (m) souterrain	túnel (m)	['tunew]
traverser (vt)	cruzar, atravessar (vt)	[kru'zar], [atrave'sar]
piéton (m)	pedestre (m)	[pe'dɛstri]
trottoir (m)	calçada (f)	[kaw'sada]

pont (m)	ponte (f)	['põtʃi]
quai (m)	margem (f) do rio	['marʒẽ du 'hiu]
fontaine (f)	fonte (f)	['fõtʃi]

allée (f)	alameda (f)	[ala'meda]
parc (m)	parque (m)	['parki]
boulevard (m)	bulevar (m)	[bule'var]
place (f)	praça (f)	['prasa]
avenue (f)	avenida (f)	[ave'nida]
rue (f)	rua (f)	['hua]
ruelle (f)	travessa (f)	[tra'vɛsa]
impasse (f)	beco (m) sem saída	['beku sẽ sa'ida]

maison (f)	casa (f)	['kaza]
édifice (m)	edifício, prédio (m)	[edʒi'fisju], ['prɛdʒju]
gratte-ciel (m)	arranha-céu (m)	[a'haɲa-sɛw]
façade (f)	fachada (f)	[fa'ʃada]
toit (m)	telhado (m)	[te'ʎadu]

fenêtre (f)	janela (f)	[ʒa'nɛla]
arc (m)	arco (m)	['arku]
colonne (f)	coluna (f)	[ko'luna]
coin (m)	esquina (f)	[is'kina]

vitrine (f)	vitrine (f)	[vi'trini]
enseigne (f)	letreiro (m)	[le'trejru]
affiche (f)	cartaz (m)	[kar'taz]
affiche (f) publicitaire	cartaz (m) publicitário	[kar'taz publisi'tarju]
panneau-réclame (m)	painel (m) publicitário	[paj'nɛw publisi'tarju]

ordures (f pl)	lixo (m)	['liʃu]
poubelle (f)	lixeira (f)	[li'ʃejra]
jeter à terre	jogar lixo na rua	[ʒo'gar 'liʃu na 'hua]
décharge (f)	aterro (m) sanitário	[a'tehu sani'tarju]

cabine (f) téléphonique	orelhão (m)	[ore'ʎãw]
réverbère (m)	poste (m) de luz	['postʃi de luz]
banc (m)	banco (m)	['bãku]

policier (m)	polícia (m)	[po'lisja]
police (f)	polícia (f)	[po'lisja]
clochard (m)	mendigo, pedinte (m)	[mẽ'dʒigu], [pe'dʒĩtʃi]
sans-abri (m)	desabrigado (m)	[dʒizabri'gadu]

54. Les institutions urbaines

magasin (m)	loja (f)	['lɔʒa]
pharmacie (f)	drogaria (f)	[droga'ria]
opticien (m)	ótica (f)	['ɔtʃika]
centre (m) commercial	centro (m) comercial	['sẽtru komer'sjaw]
supermarché (m)	supermercado (m)	[supermer'kadu]

boulangerie (f)	padaria (f)	[pada'ria]
boulanger (m)	padeiro (m)	[pa'dejru]
pâtisserie (f)	pastelaria (f)	[pastela'ria]
épicerie (f)	mercearia (f)	[mersja'ria]
boucherie (f)	açougue (m)	[a'sogi]

magasin (m) de légumes	fruteira (f)	[fru'tejra]
marché (m)	mercado (m)	[mer'kadu]

salon (m) de café	cafeteria (f)	[kafete'ria]
restaurant (m)	restaurante (m)	[hestaw'rãtʃi]
brasserie (f)	bar (m)	[bar]
pizzeria (f)	pizzaria (f)	[pitsa'ria]

salon (m) de coiffure	salão (m) de cabeleireiro	[sa'lãw de kabelej'rejru]
poste (f)	agência (f) dos correios	[a'ʒẽsja dus ko'hejus]
pressing (m)	lavanderia (f)	[lavãde'ria]
atelier (m) de photo	estúdio (m) fotográfico	[is'tudʒu foto'grafiku]

magasin (m) de chaussures	sapataria (f)	[sapata'ria]
librairie (f)	livraria (f)	[livra'ria]

magasin (m) d'articles de sport	loja (f) de artigos esportivos	['lɔʒa de ar'tʃigus ispor'tʃivus]
atelier (m) de retouche	costureira (m)	[kostu'rejra]
location (f) de vêtements	aluguel (m) de roupa	[alu'gɛw de 'hopa]
location (f) de films	videolocadora (f)	['vidʒju·loka'dɔra]

cirque (m)	circo (m)	['sirku]
zoo (m)	jardim (m) zoológico	[ʒar'dʒĩ zo'lɔʒiku]
cinéma (m)	cinema (m)	[si'nɛma]
musée (m)	museu (m)	[mu'zew]
bibliothèque (f)	biblioteca (f)	[biblјo'tɛka]

théâtre (m)	teatro (m)	['tʃatru]
opéra (m)	ópera (f)	['ɔpera]
boîte (f) de nuit	boate (f)	['bwatʃi]
casino (m)	cassino (m)	[ka'sinu]

mosquée (f)	mesquita (f)	[mes'kita]
synagogue (f)	sinagoga (f)	[sina'gɔga]
cathédrale (f)	catedral (f)	[kate'draw]
temple (m)	templo (m)	['tẽplu]
église (f)	igreja (f)	[i'greʒa]

institut (m)	faculdade (f)	[fakuw'dadʒi]
université (f)	universidade (f)	[universi'dadʒi]
école (f)	escola (f)	[is'kɔla]

préfecture (f)	prefeitura (f)	[prefej'tura]
mairie (f)	câmara (f) municipal	['kamara munisi'paw]
hôtel (m)	hotel (m)	[o'tɛw]
banque (f)	banco (m)	['bãku]

ambassade (f)	embaixada (f)	[ẽbaj'ʃada]
agence (f) de voyages	agência (f) de viagens	[a'ʒẽsja de 'vjaʒẽs]
bureau (m) d'information	agência (f) de informações	[a'ʒẽsja de ĩforma'sõjs]
bureau (m) de change	casa (f) de câmbio	['kaza de 'kãbju]

métro (m)	metrô (m)	[me'tro]
hôpital (m)	hospital (m)	[ospi'taw]

station-service (f)	posto (m) de gasolina	['postu de gazo'lina]
parking (m)	parque (m) de estacionamento	['parki de istasjona'mẽtu]

55. Les enseignes. Les panneaux

enseigne (f)	letreiro (m)	[le'trejru]
pancarte (f)	aviso (m)	[a'vizu]
poster (m)	pôster (m)	['poster]
indicateur (m) de direction	placa (f) de direção	['plaka]
flèche (f)	seta (f)	['sɛta]

avertissement (m)	aviso (m), advertência (f)	[a'vizu], [adʒiver'tẽsja]
panneau d'avertissement	sinal (m) de aviso	[si'naw de a'vizu]
avertir (vt)	avisar, advertir (vt)	[avi'zar], [adʒiver'tʃir]

jour (m) de repos	dia (m) de folga	['dʒia de 'fɔwga]
horaire (m)	horário (m)	[o'rarju]
heures (f pl) d'ouverture	horário (m)	[o'rarju]
BIENVENUE!	BEM-VINDOS!	[bēj 'vĩdu]
ENTRÉE	ENTRADA	[ẽ'trada]
SORTIE	SAÍDA	[sa'ida]
POUSSER	EMPURRE	[ẽ'puhe]
TIRER	PUXE	['puʃe]
OUVERT	ABERTO	[a'bɛrtu]
FERMÉ	FECHADO	[fe'ʃadu]
FEMMES	MULHER	[mu'ʎer]
HOMMES	HOMEM	['ɔmẽ]
RABAIS	DESCONTOS	[dʒis'kõtus]
SOLDES	SALDOS, PROMOÇÃO	['sawdus], [promo'sãw]
NOUVEAU!	NOVIDADE!	[novi'dadʒi]
GRATUIT	GRÁTIS	['gratʃis]
ATTENTION!	ATENÇÃO!	[atẽ'sãw]
COMPLET	NÃO HÁ VAGAS	['nãw a 'vagas]
RÉSERVÉ	RESERVADO	[hezer'vadu]
ADMINISTRATION	ADMINISTRAÇÃO	[adʒiministra'sãw]
RÉSERVÉ AU PERSONNEL	SOMENTE PESSOAL AUTORIZADO	[sɔ'mẽtʃi pe'swaw awtori'zadu]
ATTENTION CHIEN MÉCHANT	CUIDADO CÃO FEROZ	[kwi'dadu kãw fe'rɔz]
DÉFENSE DE FUMER	PROIBIDO FUMAR!	[proi'bidu fu'mar]
PRIÈRE DE NE PAS TOUCHER	NÃO TOCAR	['nãw to'kar]
DANGEREUX	PERIGOSO	[peri'gozu]
DANGER	PERIGO	[pe'rigu]
HAUTE TENSION	ALTA TENSÃO	['awta tẽ'sãw]
BAIGNADE INTERDITE	PROIBIDO NADAR	[proi'bidu na'dar]
HORS SERVICE	COM DEFEITO	[kõ de'fejtu]
INFLAMMABLE	INFLAMÁVEL	[ĩfla'mavew]
INTERDIT	PROIBIDO	[proi'bidu]
PASSAGE INTERDIT	ENTRADA PROIBIDA	[ẽ'trada proi'bida]
PEINTURE FRAÎCHE	CUIDADO TINTA FRESCA	[kwi'dadu 'tʃĩta 'freska]

56. Les transports en commun

autobus (m)	ônibus (m)	['onibus]
tramway (m)	bonde (m) elétrico	['bõdʒi e'lɛtriku]
trolleybus (m)	trólebus (m)	['trɔlebus]
itinéraire (m)	rota (f), itinerário (m)	['hɔta], [itʃine'rarju]
numéro (m)	número (m)	['numeru]

prendre ...	ir de ...	[ir de]
monter (dans l'autobus)	entrar no ...	[ẽ'trar nu]
descendre de ...	descer do ...	[de'ser du]
arrêt (m)	parada (f)	[pa'rada]
arrêt (m) prochain	próxima parada (f)	['prɔsima pa'rada]
terminus (m)	terminal (m)	[termi'naw]
horaire (m)	horário (m)	[o'rarju]
attendre (vt)	esperar (vt)	[ispe'rar]
ticket (m)	passagem (f)	[pa'saʒẽ]
prix (m) du ticket	tarifa (f)	[ta'rifa]
caissier (m)	bilheteiro (m)	[biʎe'tejru]
contrôle (m) des tickets	controle (m) de passagens	[kõ'trɔli de pa'saʒãjʃ]
contrôleur (m)	revisor (m)	[hevi'zor]
être en retard	atrasar-se (vr)	[atra'zarsi]
rater (~ le train)	perder (vt)	[per'der]
se dépêcher	estar com pressa	[is'tar kõ 'prɛsa]
taxi (m)	táxi (m)	['taksi]
chauffeur (m) de taxi	taxista (m)	[tak'sista]
en taxi	de táxi	[de 'taksi]
arrêt (m) de taxi	ponto (m) de táxis	['põtu de 'taksis]
appeler un taxi	chamar um táxi	[ʃa'mar ũ 'taksi]
prendre un taxi	pegar um táxi	[pe'gar ũ 'taksi]
trafic (m)	tráfego (m)	['trafegu]
embouteillage (m)	engarrafamento (m)	[ẽgahafa'mẽtu]
heures (f pl) de pointe	horas (f pl) de pico	['ɔras de 'piku]
se garer (vp)	estacionar (vi)	[istasjo'nar]
garer (vt)	estacionar (vt)	[istasjo'nar]
parking (m)	parque (m) de estacionamento	['parki de istasjona'mẽtu]
métro (m)	metrô (m)	[me'tro]
station (f)	estação (f)	[ista'sãw]
prendre le métro	ir de metrô	[ir de me'tro]
train (m)	trem (m)	[trẽj]
gare (f)	estação (f) de trem	[ista'sãw de trẽj]

57. Le tourisme

monument (m)	monumento (m)	[monu'mẽtu]
forteresse (f)	fortaleza (f)	[forta'leza]
palais (m)	palácio (m)	[pa'lasju]
château (m)	castelo (m)	[kas'tɛlu]
tour (f)	torre (f)	['tohi]
mausolée (m)	mausoléu (m)	[mawzo'lɛw]
architecture (f)	arquitetura (f)	[arkite'tura]
médiéval (adj)	medieval	[medʒje'vaw]
ancien (adj)	antigo	[ã'tʃigu]

national (adj)	nacional	[nasjo'naw]
connu (adj)	famoso	[fa'mozu]

touriste (m)	turista (m)	[tu'rista]
guide (m) (personne)	guia (m)	['gia]
excursion (f)	excursão (f)	[iskur'sãw]
montrer (vt)	mostrar (vt)	[mos'trar]
raconter (une histoire)	contar (vt)	[kõ'tar]

trouver (vt)	encontrar (vt)	[ẽkõ'trar]
se perdre (vp)	perder-se (vr)	[per'dersi]
plan (m) (du metro, etc.)	mapa (m)	['mapa]
carte (f) (de la ville, etc.)	mapa (m)	['mapa]

souvenir (m)	lembrança (f), presente (m)	[lẽ'brãsa], [pre'zẽtʃi]
boutique (f) de souvenirs	loja (f) de presentes	['lɔʒa de pre'zẽtʃis]
prendre en photo	tirar fotos	[tʃi'rar 'fɔtus]
se faire prendre en photo	fotografar-se (vr)	[fotogra'farse]

58. Le shopping

acheter (vt)	comprar (vt)	[kõ'prar]
achat (m)	compra (f)	['kõpra]
faire des achats	fazer compras	[fa'zer 'kõpras]
shopping (m)	compras (f pl)	['kõpras]

être ouvert	estar aberta	[is'tar a'bɛrta]
être fermé	estar fechada	[is'tar fe'ʃada]

chaussures (f pl)	calçado (m)	[kaw'sadu]
vêtement (m)	roupa (f)	['hopa]
produits (m pl) de beauté	cosméticos (m pl)	[koz'mɛtʃikus]
produits (m pl) alimentaires	alimentos (m pl)	[ali'mẽtus]
cadeau (m)	presente (m)	[pre'zẽtʃi]

vendeur (m)	vendedor (m)	[vẽde'dor]
vendeuse (f)	vendedora (f)	[vẽde'dora]

caisse (f)	caixa (f)	['kaɪʃa]
miroir (m)	espelho (m)	[is'peʎu]
comptoir (m)	balcão (m)	[baw'kãw]
cabine (f) d'essayage	provador (m)	[prova'dor]

essayer (robe, etc.)	provar (vt)	[pro'var]
aller bien (robe, etc.)	servir (vi)	[ser'vir]
plaire (être apprécié)	gostar (vt)	[gos'tar]

prix (m)	preço (m)	['presu]
étiquette (f) de prix	etiqueta (f) de preço	[etʃi'keta de 'presu]
coûter (vt)	custar (vt)	[kus'tar]
Combien?	Quanto?	['kwãtu]
rabais (m)	desconto (m)	[dʒis'kõtu]
pas cher (adj)	não caro	['nãw 'karu]
bon marché (adj)	barato	[ba'ratu]

cher (adj)	caro	['karu]
C'est cher	É caro	[ɛ 'karu]
location (f)	aluguel (m)	[alu'gɛw]
louer (une voiture, etc.)	alugar (vt)	[alu'gar]
crédit (m)	crédito (m)	['krɛdʒitu]
à crédit (adv)	a crédito	[a 'krɛdʒitu]

59. L'argent

argent (m)	dinheiro (m)	[dʒi'ɲejru]
échange (m)	câmbio (m)	['kɐ̃bju]
cours (m) de change	taxa (f) de câmbio	['taʃa de 'kɐ̃bju]
distributeur (m)	caixa (m) eletrônico	['kaɪʃa ele'troniku]
monnaie (f)	moeda (f)	['mwɛda]
dollar (m)	dólar (m)	['dɔlar]
euro (m)	euro (m)	['ewru]
lire (f)	lira (f)	['lira]
mark (m) allemand	marco (m)	['marku]
franc (m)	franco (m)	['frɐ̃ku]
livre sterling (f)	libra (f) esterlina	['libra ister'linu]
yen (m)	iene (m)	['jɛni]
dette (f)	dívida (f)	['dʒivida]
débiteur (m)	devedor (m)	[deve'dor]
prêter (vt)	emprestar (vt)	[ẽpres'tar]
emprunter (vt)	pedir emprestado	[pe'dʒir ẽpres'tadu]
banque (f)	banco (m)	['bɐ̃ku]
compte (m)	conta (f)	['kõta]
verser (dans le compte)	depositar (vt)	[depozi'tar]
verser dans le compte	depositar na conta	[depozi'tar na 'kõta]
retirer du compte	sacar (vt)	[sa'kar]
carte (f) de crédit	cartão (m) de crédito	[kar'tɐ̃w de 'krɛdʒitu]
espèces (f pl)	dinheiro (m) vivo	[dʒi'ɲejru 'vivu]
chèque (m)	cheque (m)	['ʃɛki]
faire un chèque	passar um cheque	[pa'sar ũ 'ʃɛki]
chéquier (m)	talão (m) de cheques	[ta'lɐ̃w de 'ʃɛkis]
portefeuille (m)	carteira (f)	[kar'tejra]
bourse (f)	niqueleira (f)	[nike'lejra]
coffre fort (m)	cofre (m)	['kɔfri]
héritier (m)	herdeiro (m)	[er'dejru]
héritage (m)	herança (f)	[e'rɐ̃sa]
fortune (f)	fortuna (f)	[for'tuna]
location (f)	arrendamento (m)	[ahẽda'mẽtu]
loyer (m) (argent)	aluguel (m)	[alu'gɛw]
louer (prendre en location)	alugar (vt)	[alu'gar]
prix (m)	preço (m)	['presu]

coût (m)	custo (m)	['kustu]
somme (f)	soma (f)	['sɔma]

dépenser (vt)	gastar (vt)	[gas'tar]
dépenses (f pl)	gastos (m pl)	['gastus]
économiser (vt)	economizar (vi)	[ekonomi'zar]
économe (adj)	econômico	[eko'nomiku]

payer (régler)	pagar (vt)	[pa'gar]
paiement (m)	pagamento (m)	[paga'mẽtu]
monnaie (f) (rendre la ~)	troco (m)	['troku]

impôt (m)	imposto (m)	[ĩ'postu]
amende (f)	multa (f)	['muwta]
mettre une amende	multar (vt)	[muw'tar]

60. La poste. Les services postaux

poste (f)	agência (f) dos correios	[a'ʒẽsja dus ko'hejus]
courrier (m) (lettres, etc.)	correio (m)	[ko'heju]
facteur (m)	carteiro (m)	[kar'tejru]
heures (f pl) d'ouverture	horário (m)	[o'rarju]

lettre (f)	carta (f)	['karta]
recommandé (m)	carta (f) registada	['karta heʒis'tada]
carte (f) postale	cartão (m) postal	[kar'tãw pos'taw]
télégramme (m)	telegrama (m)	[tele'grama]
colis (m)	encomenda (f)	[ẽko'mẽda]
mandat (m) postal	transferência (f) de dinheiro	[trãsfe'rẽsja de dʒi'ɲejru]

recevoir (vt)	receber (vt)	[hese'ber]
envoyer (vt)	enviar (vt)	[ẽ'vjar]
envoi (m)	envio (m)	[ẽ'viu]

adresse (f)	endereço (m)	[ẽde'resu]
code (m) postal	código (m) postal	['kɔdʒigu pos'taw]
expéditeur (m)	remetente (m)	[heme'tẽtʃi]
destinataire (m)	destinatário (m)	[destʃina'tarju]

prénom (m)	nome (m)	['nɔmi]
nom (m) de famille	sobrenome (m)	[sobri'nɔmi]

tarif (m)	tarifa (f)	[ta'rifa]
normal (adj)	ordinário	[ordʒi'narju]
économique (adj)	econômico	[eko'nomiku]

poids (m)	peso (m)	['pezu]
peser (~ les lettres)	pesar (vt)	[pe'zar]
enveloppe (f)	envelope (m)	[ẽve'lɔpi]
timbre (m)	selo (m) postal	['selu pos'taw]
timbrer (vt)	colar o selo	[ko'lar u 'selu]

T&P Books. Vocabulaire Français-Portugais Brésilien pour l'autoformation - 5000 mots

Le logement. La maison. Le foyer

61. La maison. L'électricité

électricité (f)	eletricidade (f)	[eletrisi'dadʒi]
ampoule (f)	lâmpada (f)	['lãpada]
interrupteur (m)	interruptor (m)	[ĩtehup'tor]
plomb, fusible (m)	fusível, disjuntor (m)	[fu'zivew], [dʒisʒũ'tor]
fil (m) (~ électrique)	fio, cabo (m)	['fiu], ['kabu]
installation (f) électrique	instalação (f) elétrica	[ĩstala'sãw e'lɛtrika]
compteur (m) électrique	medidor (m) de eletricidade	[medʒi'dor de eletrisi'dadʒi]
relevé (m)	indicação (f), registro (m)	[ĩdʒika'sãw], [he'ʒistru]

62. La villa et le manoir

maison (f) de campagne	casa (f) de campo	['kaza de 'kãpu]
villa (f)	vila (f)	['vila]
aile (f) (~ ouest)	ala (f)	['ala]
jardin (m)	jardim (m)	[ʒar'dʒĩ]
parc (m)	parque (m)	['parki]
serre (f) tropicale	estufa (f)	[is'tufa]
s'occuper (~ du jardin)	cuidar de ...	[kwi'dar de]
piscine (f)	piscina (f)	[pi'sina]
salle (f) de gym	academia (f) de ginástica	[akade'mia de ʒi'nastʃika]
court (m) de tennis	quadra (f) de tênis	['kwadra de 'tenis]
salle (f) de cinéma	cinema (m)	[si'nɛma]
garage (m)	garagem (f)	[ga'raʒẽ]
propriété (f) privée	propriedade (f) privada	[proprje'dadʒi pri'vada]
terrain (m) privé	terreno (m) privado	[te'hɛnu pri'vadu]
avertissement (m)	advertência (f)	[adʒiver'tẽsja]
panneau d'avertissement	sinal (m) de aviso	[si'naw de a'vizu]
sécurité (f)	guarda (f)	['gwarda]
agent (m) de sécurité	guarda (m)	['gwarda]
alarme (f) antivol	alarme (m)	[a'larmi]

63. L'appartement

appartement (m)	apartamento (m)	[aparta'mẽtu]
chambre (f)	quarto, cômodo (m)	['kwartu], ['komodu]
chambre (f) à coucher	quarto (m) de dormir	['kwartu de dor'mir]

salle (f) à manger	sala (f) de jantar	['sala de ʒã'tar]
salon (m)	sala (f) de estar	['sala de is'tar]
bureau (m)	escritório (m)	[iskri'tɔrju]
antichambre (f)	sala (f) de entrada	['sala de ẽ'trada]
salle (f) de bains	banheiro (m)	[ba'ɲejru]
toilettes (f pl)	lavabo (m)	[la'vabu]
plafond (m)	teto (m)	['tɛtu]
plancher (m)	chão, piso (m)	['ʃãw], ['pizu]
coin (m)	canto (m)	['kãtu]

64. Les meubles. L'intérieur

meubles (m pl)	mobiliário (m)	[mobi'ljarju]
table (f)	mesa (f)	['meza]
chaise (f)	cadeira (f)	[ka'dejra]
lit (m)	cama (f)	['kama]
canapé (m)	sofá, divã (m)	[so'fa], [dʒi'vã]
fauteuil (m)	poltrona (f)	[pow'trɔna]
bibliothèque (f) (meuble)	estante (f)	[is'tãtʃi]
rayon (m)	prateleira (f)	[prate'lejra]
armoire (f)	guarda-roupas (m)	['gwarda 'hopa]
patère (f)	cabide (m) de parede	[ka'bidʒi de pa'redʒi]
portemanteau (m)	cabideiro (m) de pé	[kabi'dejru de pɛ]
commode (f)	cômoda (f)	['komoda]
table (f) basse	mesinha (f) de centro	[me'ziɲa de 'sẽtru]
miroir (m)	espelho (m)	[is'peʎu]
tapis (m)	tapete (m)	[ta'petʃi]
petit tapis (m)	tapete (m)	[ta'petʃi]
cheminée (f)	lareira (f)	[la'rejra]
bougie (f)	vela (f)	['vɛla]
chandelier (m)	castiçal (m)	[kastʃi'saw]
rideaux (m pl)	cortinas (f pl)	[kor'tʃinas]
papier (m) peint	papel (m) de parede	[pa'pɛw de pa'redʒi]
jalousie (f)	persianas (f pl)	[per'sjanas]
lampe (f) de table	luminária (f) de mesa	[lumi'narja de 'meza]
applique (f)	luminária (f) de parede	[lumi'narja de pa'redʒi]
lampadaire (m)	abajur (m) de pé	[aba'ʒur de 'pɛ]
lustre (m)	lustre (m)	['lustri]
pied (m) (~ de la table)	pé (m)	[pɛ]
accoudoir (m)	braço, descanso (m)	['brasu], [dʒis'kãsu]
dossier (m)	costas (f pl)	['kɔstas]
tiroir (m)	gaveta (f)	[ga'veta]

65. La literie

linge (m) de lit	roupa (f) de cama	['hopa de 'kama]
oreiller (m)	travesseiro (m)	[trave'sejru]
taie (f) d'oreiller	fronha (f)	['froɲa]
couverture (f)	cobertor (m)	[kuber'tor]
drap (m)	lençol (m)	[lẽ'sɔw]
couvre-lit (m)	colcha (f)	['kowʃa]

66. La cuisine

cuisine (f)	cozinha (f)	[ko'ziɲa]
gaz (m)	gás (m)	[gajs]
cuisinière (f) à gaz	fogão (m) a gás	[fo'gãw a gajs]
cuisinière (f) électrique	fogão (m) elétrico	[fo'gãw e'lɛtriku]
four (m)	forno (m)	['fornu]
four (m) micro-ondes	forno (m) de micro-ondas	['fornu de mikro'õdas]
réfrigérateur (m)	geladeira (f)	[ʒela'dejra]
congélateur (m)	congelador (m)	[kõʒela'dor]
lave-vaisselle (m)	máquina (f) de lavar louça	['makina de la'var 'losa]
hachoir (m) à viande	moedor (m) de carne	[moe'dor de 'karni]
centrifugeuse (f)	espremedor (m)	[ispreme'dor]
grille-pain (m)	torradeira (f)	[toha'dejra]
batteur (m)	batedeira (f)	[bate'dejra]
machine (f) à café	máquina (f) de café	['makina de ka'fɛ]
cafetière (f)	cafeteira (f)	[kafe'tejra]
moulin (m) à café	moedor (m) de café	[moe'dor de ka'fɛ]
bouilloire (f)	chaleira (f)	[ʃa'lejra]
théière (f)	bule (m)	['buli]
couvercle (m)	tampa (f)	['tãpa]
passoire (f) à thé	coador (m) de chá	[koa'dor de ʃa]
cuillère (f)	colher (f)	[ko'ʎer]
petite cuillère (f)	colher (f) de chá	[ko'ʎer de ʃa]
cuillère (f) à soupe	colher (f) de sopa	[ko'ʎer de 'sopa]
fourchette (f)	garfo (m)	['garfu]
couteau (m)	faca (f)	['faka]
vaisselle (f)	louça (f)	['losa]
assiette (f)	prato (m)	['pratu]
soucoupe (f)	pires (m)	['piris]
verre (m) à shot	cálice (m)	['kalisi]
verre (m) (~ d'eau)	copo (m)	['kɔpu]
tasse (f)	xícara (f)	['ʃikara]
sucrier (m)	açucareiro (m)	[asuka'rejru]
salière (f)	saleiro (m)	[sa'lejru]
poivrière (f)	pimenteiro (m)	[pimẽ'tejru]

beurrier (m)	manteigueira (f)	[mɐ̃tej'gejra]
casserole (f)	panela (f)	[pa'nɛla]
poêle (f)	frigideira (f)	[friʒi'dejra]
louche (f)	concha (f)	['kõʃa]
passoire (f)	coador (m)	[koa'dor]
plateau (m)	bandeja (f)	[bɐ̃'deʒa]
bouteille (f)	garrafa (f)	[ga'hafa]
bocal (m) (à conserves)	pote (m) de vidro	['pɔtʃi de 'vidru]
boîte (f) en fer-blanc	lata (f)	['lata]
ouvre-bouteille (m)	abridor (m) de garrafa	[abri'dor de ga'hafa]
ouvre-boîte (m)	abridor (m) de latas	[abri'dor de 'latas]
tire-bouchon (m)	saca-rolhas (m)	['saka-'hoʎas]
filtre (m)	filtro (m)	['fiwtru]
filtrer (vt)	filtrar (vt)	[fiw'trar]
ordures (f pl)	lixo (m)	['liʃu]
poubelle (f)	lixeira (f)	[li'ʃejra]

67. La salle de bains

salle (f) de bains	banheiro (m)	[ba'ɲejru]
eau (f)	água (f)	['agwa]
robinet (m)	torneira (f)	[tor'nejra]
eau (f) chaude	água (f) quente	['agwa 'kẽtʃi]
eau (f) froide	água (f) fria	['agwa 'fria]
dentifrice (m)	pasta (f) de dente	['pasta de 'dẽtʃi]
se brosser les dents	escovar os dentes	[isko'var us 'dẽtʃis]
brosse (f) à dents	escova (f) de dente	[is'kova de 'dẽtʃi]
se raser (vp)	barbear-se (vr)	[bar'bjarsi]
mousse (f) à raser	espuma (f) de barbear	[is'puma de bar'bjar]
rasoir (m)	gilete (f)	[ʒi'lɛtʃi]
laver (vt)	lavar (vt)	[la'var]
se laver (vp)	tomar banho	[to'mar baɲu]
douche (f)	chuveiro (m), ducha (f)	[ʃu'vejru], ['duʃa]
prendre une douche	tomar uma ducha	[to'mar 'uma 'duʃa]
baignoire (f)	banheira (f)	[ba'ɲejra]
cuvette (f)	vaso (m) sanitário	['vazu sani'tarju]
lavabo (m)	pia (f)	['pia]
savon (m)	sabonete (m)	[sabo'netʃi]
porte-savon (m)	saboneteira (f)	[sabone'tejra]
éponge (f)	esponja (f)	[is'põʒa]
shampooing (m)	xampu (m)	[ʃɐ̃'pu]
serviette (f)	toalha (f)	[to'aʎa]
peignoir (m) de bain	roupão (m) de banho	[ho'pɐ̃w de 'baɲu]
lessive (f) (faire la ~)	lavagem (f)	[la'vaʒẽ]
machine (f) à laver	lavadora (f) de roupas	[lava'dora de 'hopas]

| faire la lessive | lavar a roupa | [la'var a 'hopa] |
| lessive (f) (poudre) | detergente (m) | [deter'ʒẽtʃi] |

68. Les appareils électroménagers

téléviseur (m)	televisor (m)	[televi'zor]
magnétophone (m)	gravador (m)	[grava'dor]
magnétoscope (m)	videogravador (m)	['vidʒju·grava'dor]
radio (f)	rádio (m)	['hadʒju]
lecteur (m)	leitor (m)	[lej'tor]

vidéoprojecteur (m)	projetor (m)	[proʒe'tor]
home cinéma (m)	cinema (m) em casa	[si'nɛma ẽ 'kaza]
lecteur DVD (m)	DVD Player (m)	[deve'de 'plejer]
amplificateur (m)	amplificador (m)	[ãplifika'dor]
console (f) de jeux	console (f) de jogos	[kõ'sɔli de 'ʒogus]

caméscope (m)	câmera (f) de vídeo	['kamera de 'vidʒju]
appareil (m) photo	máquina (f) fotográfica	['makina foto'grafika]
appareil (m) photo numérique	câmera (f) digital	['kamera dʒiʒi'taw]

aspirateur (m)	aspirador (m)	[aspira'dor]
fer (m) à repasser	ferro (m) de passar	['fɛhu de pa'sar]
planche (f) à repasser	tábua (f) de passar	['tabwa de pa'sar]

téléphone (m)	telefone (m)	[tele'fɔni]
portable (m)	celular (m)	[selu'lar]
machine (f) à écrire	máquina (f) de escrever	['makina de iskre'ver]
machine (f) à coudre	máquina (f) de costura	['makina de kos'tura]

micro (m)	microfone (m)	[mikro'fɔni]
écouteurs (m pl)	fone (m) de ouvido	['fɔni de o'vidu]
télécommande (f)	controle remoto (m)	[kõ'trɔli he'mɔtu]

CD (m)	CD (m)	['sede]
cassette (f)	fita (f) cassete	['fita ka'sɛtʃi]
disque (m) (vinyle)	disco (m) de vinil	['dʒisku de vi'niw]

LES ACTIVITÉS HUMAINS

Le travail. Les affaires. Partie 1

69. Le bureau. La vie de bureau

bureau (m) (établissement)	escritório (m)	[iskri'tɔrju]
bureau (m) (au travail)	escritório (m)	[iskri'tɔrju]
accueil (m)	recepção (f)	[hesep'sãw]
secrétaire (m)	secretário (m)	[sekre'tarju]
secrétaire (f)	secretária (f)	[sekre'tarja]
directeur (m)	diretor (m)	[dʒire'tor]
manager (m)	gerente (m)	[ʒe'rẽtʃi]
comptable (m)	contador (m)	[kõta'dor]
collaborateur (m)	empregado (m)	[ẽpre'gadu]
meubles (m pl)	mobiliário (m)	[mobi'ljarju]
bureau (m)	mesa (f)	['meza]
fauteuil (m)	cadeira (f)	[ka'dejra]
classeur (m) à tiroirs	gaveteiro (m)	[gave'tejru]
portemanteau (m)	cabideiro (m) de pé	[kabi'dejru de pɛ]
ordinateur (m)	computador (m)	[kõputa'dor]
imprimante (f)	impressora (f)	[ĩpre'sora]
fax (m)	fax (m)	[faks]
copieuse (f)	fotocopiadora (f)	[fotokopja'dora]
papier (m)	papel (m)	[pa'pɛw]
papeterie (f)	artigos (m pl) de escritório	[ar'tʃigus de iskri'tɔrju]
tapis (m) de souris	tapete (m) para mouse	[ta'petʃi 'para 'mawz]
feuille (f)	folha (f)	['foʎa]
classeur (m)	pasta (f)	['pasta]
catalogue (m)	catálogo (m)	[ka'talogu]
annuaire (m)	lista (f) telefônica	['lista tele'fonika]
documents (m pl)	documentação (f)	[dokumẽta'sãw]
brochure (f)	brochura (f)	[bro'ʃura]
prospectus (m)	panfleto (m)	[pã'fletu]
échantillon (m)	amostra (f)	[a'mɔstra]
formation (f)	formação (f)	[forma'sãw]
réunion (f)	reunião (f)	[heu'njãw]
pause (f) déjeuner	hora (f) de almoço	['ɔra de aw'mosu]
faire une copie	fazer uma cópia	[fa'zer 'uma 'kɔpja]
faire des copies	tirar cópias	[tʃi'rar 'kɔpjas]
recevoir un fax	receber um fax	[hese'ber ũ faks]
envoyer un fax	enviar um fax	[ẽ'vjar ũ faks]

téléphoner, appeler	fazer uma chamada	[fa'zer 'uma ʃa'mada]
répondre (vi, vt)	responder (vt)	[hespõ'der]
passer (au téléphone)	passar (vt)	[pa'sar]
fixer (rendez-vous)	marcar (vt)	[mar'kar]
montrer (un échantillon)	demonstrar (vt)	[demõs'trar]
être absent	estar ausente	[is'tar aw'zẽtʃi]
absence (f)	ausência (f)	[aw'zẽsja]

70. Les processus d'affaires. Partie 1

affaire (f) (business)	negócio (m)	[ne'gɔsju]
métier (m)	ocupação (f)	[okupa'sãw]
firme (f), société (f)	firma, empresa (f)	['firma], [ẽ'preza]
compagnie (f)	companhia (f)	[kõpa'ɲia]
corporation (f)	corporação (f)	[korpora'sãw]
entreprise (f)	empresa (f)	[ẽ'preza]
agence (f)	agência (f)	[a'ʒẽsja]
accord (m)	acordo (m)	[a'kordu]
contrat (m)	contrato (m)	[kõ'tratu]
marché (m) (accord)	acordo (m)	[a'kordu]
commande (f)	pedido (m)	[pe'dʒidu]
terme (m) (~ du contrat)	termos (m pl)	['termus]
en gros (adv)	por atacado	[por ata'kadu]
en gros (adj)	por atacado	[por atak'adu]
vente (f) en gros	venda (f) por atacado	['vẽda pur ata'kadu]
au détail (adj)	a varejo	[a va'reʒu]
vente (f) au détail	venda (f) a varejo	['vẽda a va'reʒu]
concurrent (m)	concorrente (m)	[kõko'hẽtʃi]
concurrence (f)	concorrência (f)	[kõko'hẽsja]
concurrencer (vt)	competir (vi)	[kõpe'tʃir]
associé (m)	sócio (m)	['sɔsju]
partenariat (m)	parceria (f)	[parse'ria]
crise (f)	crise (f)	['krizi]
faillite (f)	falência (f)	[fa'lẽsja]
faire faillite	entrar em falência	[ẽ'trar ẽ fa'lẽsja]
difficulté (f)	dificuldade (f)	[dʒifikuw'dadʒi]
problème (m)	problema (m)	[prob'lɛma]
catastrophe (f)	catástrofe (f)	[ka'tastrofi]
économie (f)	economia (f)	[ekono'mia]
économique (adj)	econômico	[eko'nomiku]
baisse (f) économique	recessão (f) econômica	[hesep'sãw eko'nomika]
but (m)	objetivo (m)	[obʒe'tʃivu]
objectif (m)	tarefa (f)	[ta'rɛfa]
faire du commerce	comerciar (vi, vt)	[komer'sjar]
réseau (m) (de distribution)	rede (f), cadeia (f)	['hedʒi], [ka'deja]

inventaire (m) (stocks)	estoque (m)	[is'tɔki]
assortiment (m)	sortimento (m)	[sortʃi'mẽtu]
leader (m)	líder (m)	['lider]
grande (~ entreprise)	grande	['grɐ̃dʒi]
monopole (m)	monopólio (m)	[mono'pɔlju]
théorie (f)	teoria (f)	[teo'ria]
pratique (f)	prática (f)	['pratʃika]
expérience (f)	experiência (f)	[ispe'rjẽsja]
tendance (f)	tendência (f)	[tẽ'dẽsja]
développement (m)	desenvolvimento (m)	[dʒizẽvowvi'mẽtu]

71. Les processus d'affaires. Partie 2

rentabilité (m)	rentabilidade (f)	[hẽtabili'dadʒi]
rentable (adj)	rentável	[hẽ'tavew]
délégation (f)	delegação (f)	[delega'sãw]
salaire (m)	salário, ordenado (m)	[sa'larju], [orde'nadu]
corriger (une erreur)	corrigir (vt)	[kohi'ʒir]
voyage (m) d'affaires	viagem (f) de negócios	['vjaʒẽ de ne'gɔsjus]
commission (f)	comissão (f)	[komi'sãw]
contrôler (vt)	controlar (vt)	[kõtro'lar]
conférence (f)	conferência (f)	[kõfe'rẽsja]
licence (f)	licença (f)	[li'sẽsa]
fiable (partenaire ~)	confiável	[kõ'fjavew]
initiative (f)	empreendimento (m)	[ẽprjẽdʒi'mẽtu]
norme (f)	norma (f)	['nɔrma]
circonstance (f)	circunstância (f)	[sirkũ'stãsja]
fonction (f)	dever (m)	[de'ver]
entreprise (f)	empresa (f)	[ẽ'preza]
organisation (f)	organização (f)	[organiza'sãw]
organisé (adj)	organizado	[organi'zadu]
annulation (f)	anulação (f)	[anula'sãw]
annuler (vt)	anular, cancelar (vt)	[anu'lar], [kãse'lar]
rapport (m)	relatório (m)	[hela'tɔrju]
brevet (m)	patente (f)	[pa'tẽtʃi]
breveter (vt)	patentear (vt)	[patẽ'tʃjar]
planifier (vt)	planejar (vt)	[plane'ʒar]
prime (f)	bônus (m)	['bonus]
professionnel (adj)	profissional	[profisjo'naw]
procédure (f)	procedimento (m)	[prosedʒi'mẽtu]
examiner (vt)	examinar (vt)	[ezami'nar]
calcul (m)	cálculo (m)	['kawkulu]
réputation (f)	reputação (f)	[reputa'sãw]
risque (m)	risco (m)	['hisku]
diriger (~ une usine)	dirigir (vt)	[dʒiri'ʒir]

renseignements (m pl)	informação (f)	[ĩforma'sãw]
propriété (f)	propriedade (f)	[proprje'dadʒi]
union (f)	união (f)	[u'njãw]

assurance vie (f)	seguro (m) de vida	[se'guru de 'vida]
assurer (vt)	fazer um seguro	[fa'zer ũ se'guru]
assurance (f)	seguro (m)	[se'guru]

enchères (f pl)	leilão (m)	[lej'lãw]
notifier (informer)	notificar (vt)	[notʃifi'kar]
gestion (f)	gestão (f)	[ʒes'tãw]
service (m)	serviço (m)	[ser'visu]

forum (m)	fórum (m)	['forũ]
fonctionner (vi)	funcionar (vi)	[fũsjo'nar]
étape (f)	estágio (m)	[is'taʒu]
juridique (services ~s)	jurídico, legal	[ʒu'ridʒiku], [le'gaw]
juriste (m)	advogado (m)	[adʒivo'gadu]

72. L'usine. La production

usine (f)	usina (f)	[u'zina]
fabrique (f)	fábrica (f)	['fabrika]
atelier (m)	oficina (f)	[ɔfi'sina]
site (m) de production	local (m) de produção	[lo'kaw de produ'sãw]

industrie (f)	indústria (f)	[ĩ'dustrja]
industriel (adj)	industrial	[ĩdus'trjaw]
industrie (f) lourde	indústria (f) pesada	[ĩ'dustrja pe'zada]
industrie (f) légère	indústria (f) ligeira	[ĩ'dustrja li'ʒejra]

produit (m)	produção (f)	[produ'sãw]
produire (vt)	produzir (vt)	[produ'zir]
matières (f pl) premières	matérias-primas (f pl)	[ma'tɛrjas 'primas]

chef (m) d'équipe	chefe (m) de obras	['ʃɛfi de 'ɔbrɑs]
équipe (f) d'ouvriers	equipe (f)	[e'kipi]
ouvrier (m)	operário (m)	[ope'rarju]

jour (m) ouvrable	dia (m) de trabalho	['dʒia de tra'baʎu]
pause (f) (repos)	intervalo (m)	[ĩter'valu]
réunion (f)	reunião (f)	[heu'njãw]
discuter (vt)	discutir (vt)	[dʒisku'tʃir]

plan (m)	plano (m)	['planu]
accomplir le plan	cumprir o plano	[kũ'prir u 'planu]
norme (f) de production	taxa (f) de produção	['taʃa de produ'sãw]
qualité (f)	qualidade (f)	[kwali'dadʒi]
contrôle (m)	controle (m)	[kõ'troli]
contrôle (m) qualité	controle (m) da qualidade	[kõ'troli da kwali'dadʒi]

sécurité (f) de travail	segurança (f) no trabalho	[segu'rãsa nu tra'baʎu]
discipline (f)	disciplina (f)	[dʒisi'plina]
infraction (f)	infração (f)	[ĩfra'sãw]

violer (les règles)	violar (vt)	[vjo'lar]
grève (f)	greve (f)	['grɛvi]
gréviste (m)	grevista (m)	[gre'vista]
faire grève	estar em greve	[is'tar ẽ 'grɛvi]
syndicat (m)	sindicato (m)	[sĩʤi'katu]

inventer (machine, etc.)	inventar (vt)	[ĩvẽ'tar]
invention (f)	invenção (f)	[ĩvẽ'sãw]
recherche (f)	pesquisa (f)	[pes'kiza]
améliorer (vt)	melhorar (vt)	[meʎo'rar]
technologie (f)	tecnologia (f)	[teknolo'ʒia]
dessin (m) technique	desenho (m) técnico	[de'zɛɲu 'tɛkniku]

charge (f) (~ de 3 tonnes)	carga (f)	['karga]
chargeur (m)	carregador (m)	[kahega'dor]
charger (véhicule, etc.)	carregar (vt)	[kahe'gar]
chargement (m)	carregamento (m)	[kahega'mẽtu]
décharger (vt)	descarregar (vt)	[ʤiskahe'gar]
déchargement (m)	descarga (f)	[ʤis'karga]

transport (m)	transporte (m)	[trãs'pɔrtʃi]
compagnie (f) de transport	companhia (f) de transporte	[kõpa'ɲia de trãs'pɔrtʃi]
transporter (vt)	transportar (vt)	[trãspor'tar]

wagon (m) de marchandise	vagão (m) de carga	[va'gãw de 'karga]
citerne (f)	tanque (m)	['tãki]
camion (m)	caminhão (m)	[kami'ɲãw]

| machine-outil (f) | máquina (f) operatriz | ['makina opera'triz] |
| mécanisme (m) | mecanismo (m) | [meka'nizmu] |

déchets (m pl)	resíduos (m pl) industriais	[he'zidwus ĩdus'trjajs]
emballage (m)	embalagem (f)	[ẽba'laʒẽ]
emballer (vt)	embalar (vt)	[ẽba'lar]

73. Le contrat. L'accord

contrat (m)	contrato (m)	[kõ'tratu]
accord (m)	acordo (m)	[a'kordu]
annexe (f)	anexo (m)	[a'nɛksu]

signer un contrat	assinar o contrato	[asi'nar u kõ'tratu]
signature (f)	assinatura (f)	[asina'tura]
signer (vt)	assinar (vt)	[asi'nar]
cachet (m)	carimbo (m)	[ka'rĩbu]

objet (m) du contrat	objeto (m) do contrato	[ob'ʒɛtu du kõ'tratu]
clause (f)	cláusula (f)	['klawzula]
côtés (m pl)	partes (f pl)	['partʃis]
adresse (f) légale	domicílio (m) legal	[domi'silju le'gaw]

violer l'accord	violar o contrato	[vjo'lar u kõ'tratu]
obligation (f)	obrigação (f)	[obriga'sãw]
responsabilité (f)	responsabilidade (f)	[hespõsabili'daʤi]

force (f) majeure	força (f) maior	['fɔrsa ma'jɔr]
litige (m)	litígio (m), disputa (f)	[li'tʃiʒju], [dʒis'puta]
pénalités (f pl)	multas (f pl)	['muwtas]

74. L'importation. L'exportation

importation (f)	importação (f)	[īporta'sãw]
importateur (m)	importador (m)	[īporta'dor]
importer (vt)	importar (vt)	[īpor'tar]
d'importation	de importação	[de īporta'sãw]

exportation (f)	exportação (f)	[isporta'sãw]
exportateur (m)	exportador (m)	[isporta'dor]
exporter (vt)	exportar (vt)	[ispor'tar]
d'exportation (adj)	de exportação	[de isporta'sãw]

| marchandise (f) | mercadoria (f) | [merkado'ria] |
| lot (m) de marchandises | lote (m) | ['lɔtʃi] |

poids (m)	peso (m)	['pezu]
volume (m)	volume (m)	[vo'lumi]
mètre (m) cube	metro (m) cúbico	['mɛtru 'kubiku]

producteur (m)	produtor (m)	[produ'tor]
compagnie (f) de transport	companhia (f) de transporte	[kõpa'ɲia de trãs'pɔrtʃi]
container (m)	contêiner (m)	[kõ'tejner]

frontière (f)	fronteira (f)	[frõ'tejra]
douane (f)	alfândega (f)	[aw'fãdʒiga]
droit (m) de douane	taxa (f) alfandegária	['taʃa awfãde'garja]
douanier (m)	funcionário (m) da alfândega	[fũsjo'narju da aw'fãdʒiga]
contrebande (f) (trafic)	contrabando (m)	[kõtra'bãdu]
contrebande (f)	contrabando (m)	[kõtra'bãdu]

75. La finance

action (f)	ação (f)	[a'sãw]
obligation (f)	obrigação (f)	[obriga'sãw]
lettre (f) de change	nota (f) promissória	['nɔta promi'sɔrja]

| bourse (f) | bolsa (f) de valores | ['bowsa de va'lores] |
| cours (m) d'actions | cotação (m) das ações | [kota'sãw das a'sõjs] |

| baisser (vi) | tornar-se mais barato | [tor'narsi majs ba'ratu] |
| augmenter (vi) (prix) | tornar-se mais caro | [tor'narsi majs 'karu] |

part (f)	parte (f)	['partʃi]
participation (f) de contrôle	participação (f) majoritária	[partʃisipa'sãw maʒori'tarja]
investissements (m pl)	investimento (m)	[īvestʃi'mẽtu]
investir (vt)	investir (vt)	[īves'tʃir]
pour-cent (m)	porcentagem (f)	[porsẽ'taʒẽ]
intérêts (m pl)	juros (m pl)	['ʒurus]

profit (m)	lucro (m)	['lukru]
profitable (adj)	lucrativo	[lukra'tʃivu]
impôt (m)	imposto (m)	[ĩ'postu]

devise (f)	divisa (f)	[dʒi'viza]
national (adj)	nacional	[nasjo'naw]
échange (m)	câmbio (m)	['kãbju]

| comptable (m) | contador (m) | [kõta'dɔr] |
| comptabilité (f) | contabilidade (f) | [kõtabili'dadʒi] |

faillite (f)	falência (f)	[fa'lẽsja]
krach (m)	falência, quebra (f)	[fa'lẽsja], ['kɛbra]
ruine (f)	ruína (f)	['hwina]
se ruiner (vp)	estar quebrado	[is'tar ke'bradu]
inflation (f)	inflação (f)	[ĩfla'sãw]
dévaluation (f)	desvalorização (f)	[dʒizvaloriza'sãw]

capital (m)	capital (m)	[kapi'taw]
revenu (m)	rendimento (m)	[hẽdʒi'mẽtu]
chiffre (m) d'affaires	volume (m) de negócios	[vo'lumi de ne'gɔsjus]
ressources (f pl)	recursos (m pl)	[he'kursus]
moyens (m pl) financiers	recursos (m pl) financeiros	[he'kursus finã'sejrus]
frais (m pl) généraux	despesas (f pl) gerais	[dʒis'pezas ʒe'rajs]
réduire (vt)	reduzir (vt)	[hedu'zir]

76. La commercialisation. Le marketing

marketing (m)	marketing (m)	['marketʃĩn]
marché (m)	mercado (m)	[mer'kadu]
segment (m) du marché	segmento (m) do mercado	[sɛg'mẽtu du mer'kadu]
produit (m)	produto (m)	[pru'dutu]
marchandise (f)	mercadoria (f)	[merkado'ria]

marque (f) de fabrique	marca (f)	['marka]
marque (f) déposée	marca (f) registrada	['marka heʒis'trada]
logotype (m)	logotipo (m)	[logo'tʃipu]
logo (m)	logo (m)	['lɔgu]

| demande (f) | demanda (f) | [de'mãda] |
| offre (f) | oferta (f) | [ɔ'fɛrta] |

| besoin (m) | necessidade (f) | [nesesi'dadʒi] |
| consommateur (m) | consumidor (m) | [kõsumi'dor] |

| analyse (f) | análise (f) | [a'nalizi] |
| analyser (vt) | analisar (vt) | [anali'zar] |

| positionnement (m) | posicionamento (m) | [pozisjona'mẽtu] |
| positionner (vt) | posicionar (vt) | [pozisjo'nar] |

prix (m)	preço (m)	['presu]
politique (f) des prix	política (f) de preços	[po'litʃika de 'presus]
formation (f) des prix	formação (f) de preços	[forma'sãw de 'presus]

77. La publicité

publicité (f), pub (f)	publicidade (f)	[publisi'dadʒi]
faire de la publicité	fazer publicidade	[fa'zer publisi'dadʒi]
budget (m)	orçamento (m)	[orsa'mẽtu]
annonce (f), pub (f)	anúncio (m)	[a'nũsju]
publicité (f) à la télévision	publicidade (f) televisiva	[publisi'dadʒi televi'ziva]
publicité (f) à la radio	publicidade (f) na rádio	[publisi'dadʒi na 'hadʒju]
publicité (f) extérieure	publicidade (f) exterior	[publisi'dadʒi iste'rjor]
mass média (m pl)	comunicação (f) de massa	[komunika'sãw de 'masa]
périodique (m)	periódico (m)	[pe'rjɔdʒiku]
image (f)	imagem (f)	[i'maʒẽ]
slogan (m)	slogan (m)	[iz'lɔgã]
devise (f)	mote (m), lema (f)	['mɔtʃi], ['lɛma]
campagne (f)	campanha (f)	[kã'paɲa]
campagne (f) publicitaire	campanha (f) publicitária	[kã'paɲa publisi'tarja]
public (m) cible	grupo (m) alvo	['grupu 'awvu]
carte (f) de visite	cartão (m) de visita	[kar'tãw de vi'zita]
prospectus (m)	panfleto (m)	[pã'fletu]
brochure (f)	brochura (f)	[bro'ʃura]
dépliant (m)	folheto (m)	[fo'ʎetu]
bulletin (m)	boletim (m)	[bole'tʃĩ]
enseigne (f)	letreiro (m)	[le'trejru]
poster (m)	pôster (m)	['poster]
panneau-réclame (m)	painel (m) publicitário	[paj'nɛw publisi'tarju]

78. Les opérations bancaires

banque (f)	banco (m)	['bãku]
agence (f) bancaire	balcão (f)	[baw'kãw]
conseiller (m)	consultor (m) bancário	[kõsuw'tor bã'karju]
gérant (m)	gerente (m)	[ʒe'rẽtʃi]
compte (m)	conta (f)	['kõta]
numéro (m) du compte	número (m) da conta	['numeru da 'kõta]
compte (m) courant	conta (f) corrente	['kõta ko'hẽtʃi]
compte (m) sur livret	conta (f) poupança	['kõta po'pãsa]
ouvrir un compte	abrir uma conta	[a'brir 'uma 'kõta]
clôturer le compte	fechar uma conta	[fe'ʃar 'uma 'kõta]
verser dans le compte	depositar na conta	[depozi'tar na 'kõta]
retirer du compte	sacar (vt)	[sa'kar]
dépôt (m)	depósito (m)	[de'pɔzitu]
faire un dépôt	fazer um depósito	[fa'zer ũ de'pɔzitu]
virement (m) bancaire	transferência (f) bancária	[trãsfe'rẽsja bã'karja]

faire un transfert	transferir (vt)	[träsfe'rir]
somme (f)	soma (f)	['sɔma]
Combien?	Quanto?	['kwãtu]
signature (f)	assinatura (f)	[asina'tura]
signer (vt)	assinar (vt)	[asi'nar]
carte (f) de crédit	cartão (m) de crédito	[kar'tãw de 'krɛdʒitu]
code (m)	senha (f)	['sɛɲa]
numéro (m) de carte de crédit	número (m) do cartão de crédito	['numeru du kar'tãw de 'krɛdʒitu]
distributeur (m)	caixa (m) eletrônico	['kaɪʃa ele'troniku]
chèque (m)	cheque (m)	['ʃɛki]
faire un chèque	passar um cheque	[pa'sar ũ 'ʃɛki]
chéquier (m)	talão (m) de cheques	[ta'lãw de 'ʃɛkis]
crédit (m)	empréstimo (m)	[ẽ'prɛstʃimu]
demander un crédit	pedir um empréstimo	[pe'dʒir ũ ẽ'prɛstʃimu]
prendre un crédit	obter empréstimo	[ob'ter ẽ'prɛstʃimu]
accorder un crédit	dar um empréstimo	[dar ũ ẽ'prɛstʃimu]
gage (m)	garantia (f)	[garã'tʃia]

79. Le téléphone. La conversation téléphonique

téléphone (m)	telefone (m)	[tele'fɔni]
portable (m)	celular (m)	[selu'lar]
répondeur (m)	secretária (f) eletrônica	[sekre'tarja ele'tronika]
téléphoner, appeler	fazer uma chamada	[fa'zer 'uma ʃa'mada]
appel (m)	chamada (f)	[ʃa'mada]
composer le numéro	discar um número	[dʒis'kar ũ 'numeru]
Allô!	Alô!	[a'lo]
demander (~ l'heure)	perguntar (vt)	[pergũ'tar]
répondre (vi, vt)	responder (vt)	[hespõ'der]
entendre (bruit, etc.)	ouvir (vt)	[o'vir]
bien (adv)	bem	[bẽj]
mal (adv)	mal	[maw]
bruits (m pl)	ruído (m)	['hwidu]
récepteur (m)	fone (m)	['fɔni]
décrocher (vt)	pegar o telefone	[pe'gar u tele'fɔni]
raccrocher (vi)	desligar (vi)	[dʒizli'gar]
occupé (adj)	ocupado	[oku'padu]
sonner (vi)	tocar (vi)	[to'kar]
carnet (m) de téléphone	lista (f) telefônica	['lista tele'fonika]
local (adj)	local	[lo'kaw]
appel (m) local	chamada (f) local	[ʃa'mada lo'kaw]
interurbain (adj)	de longa distância	['de 'lõgu dʒis'tãsja]
appel (m) interurbain	chamada (f) de longa distância	[ʃa'mada de 'lõgu dʒis'tãsja]

| international (adj) | internacional | [ĩternasjo'naw] |
| appel (m) international | chamada (f) internacional | [ʃa'mada ĩternasjo'naw] |

80. Le téléphone portable

portable (m)	celular (m)	[selu'lar]
écran (m)	tela (f)	['tɛla]
bouton (m)	botão (m)	[bo'tãw]
carte SIM (f)	cartão SIM (m)	[kar'tãw sim]

pile (f)	bateria (f)	[bate'ria]
être déchargé	descarregar-se (vr)	[dʒiskahe'garsi]
chargeur (m)	carregador (m)	[kahega'dor]

| menu (m) | menu (m) | [me'nu] |
| réglages (m pl) | configurações (f pl) | [kõfigura'sõjs] |

| mélodie (f) | melodia (f) | [melo'dʒia] |
| sélectionner (vt) | escolher (vt) | [isko'ʎer] |

calculatrice (f)	calculadora (f)	[kawkula'dora]
répondeur (m)	correio (m) de voz	[ko'heju de vɔz]
réveil (m)	despertador (m)	[dʒisperta'dor]
contacts (m pl)	contatos (m pl)	[kõ'tatus]

| SMS (m) | mensagem (f) de texto | [mẽ'saʒẽ de 'testu] |
| abonné (m) | assinante (m) | [asi'nãtʃi] |

81. La papeterie

| stylo (m) à bille | caneta (f) | [ka'neta] |
| stylo (m) à plume | caneta (f) tinteiro | [ka'neta tʃi'tejru] |

crayon (m)	lápis (m)	['lapis]
marqueur (m)	marcador (m) de texto	[marka'dor de 'testu]
feutre (m)	caneta (f) hidrográfica	[ka'neta idro'grafika]

| bloc-notes (m) | bloco (m) de notas | ['blɔku de 'nɔtas] |
| agenda (m) | agenda (f) | [a'ʒẽda] |

règle (f)	régua (f)	['hɛgwa]
calculatrice (f)	calculadora (f)	[kawkula'dora]
gomme (f)	borracha (f)	[bo'haʃa]

| punaise (f) | alfinete (m) | [awfi'netʃi] |
| trombone (m) | clipe (m) | ['klipi] |

| colle (f) | cola (f) | ['kɔla] |
| agrafeuse (f) | grampeador (m) | [grãpja'dor] |

| perforateur (m) | furador (m) de papel | [fura'dor de pa'pɛw] |
| taille-crayon (m) | apontador (m) | [apõta'dor] |

82. Les types d'activités économiques

services (m pl) comptables	serviços (m pl) de contabilidade	[ser'visus de kõtabili'dadʒi]
publicité (f), pub (f)	publicidade (f)	[publisi'dadʒi]
agence (f) publicitaire	agência (f) de publicidade	[a'ʒẽsja de publisi'dadʒi]
climatisation (m)	ar (m) condicionado	[ar kõdʒisjo'nadu]
compagnie (f) aérienne	companhia (f) aérea	[kõpa'ɲia a'erja]
boissons (f pl) alcoolisées	bebidas (f pl) alcoólicas	[be'bidas aw'kɔlikas]
antiquités (f pl)	comércio (m) de antiguidades	[ko'mɛrsju de ãtʃigwi'dadʒi]
galerie (f) d'art	galeria (f) de arte	[gale'ria de 'artʃi]
services (m pl) d'audition	serviços (m pl) de auditoria	[ser'visus de awdʒito'ria]
banques (f pl)	negócios (m pl) bancários	[ne'gɔsjus bã'karjus]
bar (m)	bar (m)	[bar]
salon (m) de beauté	salão (m) de beleza	[sa'lãw de be'leza]
librairie (f)	livraria (f)	[livra'ria]
brasserie (f) (fabrique)	cervejaria (f)	[serveʒa'ria]
centre (m) d'affaires	centro (m) de escritórios	['sẽtru de iskri'tɔrjus]
école (f) de commerce	escola (f) de negócios	[is'kɔla de ne'gɔsjus]
casino (m)	cassino (m)	[ka'sinu]
bâtiment (m)	construção (f)	[kõstru'sãw]
conseil (m)	consultoria (f)	[kõsuwto'ria]
dentistes (pl)	clínica (f) dentária	['klinika dẽ'tarja]
design (m)	design (m)	[dʒi'zãjn]
pharmacie (f)	drogaria (f)	[droga'ria]
pressing (m)	lavanderia (f)	[lavãde'ria]
agence (f) de recrutement	agência (f) de emprego	[a'ʒẽsja de ẽ'pregu]
service (m) financier	serviços (m pl) financeiros	[ser'visus finã'sejrus]
produits (m pl) alimentaires	alimentos (m pl)	[ali'mẽtus]
maison (f) funéraire	casa (f) funerária	['kaza fune'raria]
meubles (m pl)	mobiliário (m)	[mobi'ljarju]
vêtement (m)	roupa (f)	['hopa]
hôtel (m)	hotel (m)	[o'tɛw]
glace (f)	sorvete (m)	[sor'vetʃi]
industrie (f)	indústria (f)	[ĩ'dustrja]
assurance (f)	seguro (m)	[se'guru]
Internet (m)	internet (f)	[ĩter'nɛtʃi]
investissements (m pl)	investimento (m)	[ĩvestʃi'mẽtu]
bijoutier (m)	joalheiro (m)	[ʒoa'ʎejru]
bijouterie (f)	joias (f pl)	['ʒɔjas]
blanchisserie (f)	lavanderia (f)	[lavãde'ria]
service (m) juridique	assessorias (f pl) jurídicas	[aseso'rias ʒu'ridʒikas]
industrie (f) légère	indústria (f) ligeira	[ĩ'dustrja li'ʒejra]
revue (f)	revista (f)	[he'vista]
vente (f) par catalogue	vendas (f pl) por catálogo	['vẽdas por ka'talogu]
médecine (f)	medicina (f)	[medʒi'sina]

| cinéma (m) | cinema (m) | [si'nɛma] |
| musée (m) | museu (m) | [mu'zew] |

agence (f) d'information	agência (f) de notícias	[a'ʒẽsja de no'tʃisjas]
journal (m)	jornal (m)	[ʒor'naw]
boîte (f) de nuit	boate (f)	['bwatʃi]

pétrole (m)	petróleo (m)	[pe'trɔlju]
coursiers (m pl)	serviços (m pl) de remessa	[ser'visus de he'mɛsa]
industrie (f) pharmaceutique	indústria (f) farmacêutica	[ĩ'dustrja farma'sewtʃiku]
imprimerie (f)	tipografia (f)	[tʃipogra'fia]
maison (f) d'édition	editora (f)	[edʒi'tora]

radio (f)	rádio (m)	['hadʒju]
immobilier (m)	imobiliário (m)	[imobi'ljarju]
restaurant (m)	restaurante (m)	[hestaw'rãtʃi]

agence (f) de sécurité	empresa (f) de segurança	[ẽ'preza de segu'rãsa]
sport (m)	esporte (m)	[is'pɔrtʃi]
bourse (f)	bolsa (f) de valores	['bowsa de va'lores]
magasin (m)	loja (f)	['lɔʒa]
supermarché (m)	supermercado (m)	[supermer'kadu]
piscine (f)	piscina (f)	[pi'sina]

atelier (m) de couture	alfaiataria (f)	[awfajata'ria]
télévision (f)	televisão (f)	[televi'zãw]
théâtre (m)	teatro (m)	['tʃjatru]
commerce (m)	comércio (m)	[ko'mɛrsju]
sociétés de transport	serviços (m pl) de transporte	[ser'visus de trãs'pɔrtʃi]
tourisme (m)	viagens (f pl)	['vjaʒẽs]

vétérinaire (m)	veterinário (m)	[veteri'narju]
entrepôt (m)	armazém (m)	[arma'zẽj]
récupération (f) des déchets	recolha (f) do lixo	[he'koʎa du 'liʃu]

Le travail. Les affaires. Partie 2

83. Les foires et les salons

salon (m)	feira, exposição (f)	['fejra], [ispozi'sãw]
salon (m) commercial	feira (f) comercial	['fejra komer'sjaw]
participation (f)	participação (f)	[partʃisipa'sãw]
participer à …	participar (vi)	[partʃisi'par]
participant (m)	participante (m)	[partʃisi'pãtʃi]
directeur (m)	diretor (m)	[dʒire'tor]
direction (f)	direção (f)	[dʒire'sãw]
organisateur (m)	organizador (m)	[organiza'dor]
organiser (vt)	organizar (vt)	[organi'zar]
demande (f) de participation	ficha (f) de inscrição	['fiʃa de ĩskri'sãw]
remplir (vt)	preencher (vt)	[preẽ'ʃer]
détails (m pl)	detalhes (m pl)	[de'taʎis]
information (f)	informação (f)	[ĩforma'sãw]
prix (m)	preço (m)	['presu]
y compris	incluindo	[ĩklw'ĩdu]
inclure (~ les taxes)	incluir (vt)	[ĩ'klwir]
payer (régler)	pagar (vt)	[pa'gar]
droits (m pl) d'inscription	taxa (f) de inscrição	['taʃa de ĩskri'sãw]
entrée (f)	entrada (f)	[ẽ'trada]
pavillon (m)	pavilhão (m), salão (f)	[pavi'ʎãw], [sa'lãw]
enregistrer (vt)	inscrever (vt)	[ĩskre'ver]
badge (m)	crachá (m)	[kra'ʃa]
stand (m)	stand (m)	[stɛnd]
réserver (vt)	reservar (vt)	[hezer'var]
vitrine (f)	vitrine (f)	[vi'trini]
lampe (f)	lâmpada (f)	['lãpada]
design (m)	design (m)	[dʒi'zãjn]
mettre (placer)	pôr, colocar (vt)	[por], [kolo'kar]
distributeur (m)	distribuidor (m)	[dʒistribwi'dor]
fournisseur (m)	fornecedor (m)	[fornese'dor]
fournir (vt)	fornecer (vt)	[forne'ser]
pays (m)	país (m)	[pa'jis]
étranger (adj)	estrangeiro	[istrã'ʒejru]
produit (m)	produto (m)	[pru'dutu]
association (f)	associação (f)	[asosja'sãw]
salle (f) de conférences	sala (f) de conferência	['sala de kõfe'rẽsja]

congrès (m)	congresso (m)	[kõ'grɛsu]
concours (m)	concurso (m)	[kõ'kursu]
visiteur (m)	visitante (m)	[vizi'tãtʃi]
visiter (vt)	visitar (vt)	[vizi'tar]
client (m)	cliente (m)	['kljẽtʃi]

84. La recherche scientifique et les chercheurs

science (f)	ciência (f)	['sjẽsja]
scientifique (adj)	científico	[sjẽ'tʃifiku]
savant (m)	cientista (m)	[sjẽ'tʃista]
théorie (f)	teoria (f)	[teo'ria]
axiome (m)	axioma (m)	[a'sjɔma]
analyse (f)	análise (f)	[a'nalizi]
analyser (vt)	analisar (vt)	[anali'zar]
argument (m)	argumento (m)	[argu'mẽtu]
substance (f) (matière)	substância (f)	[sub'stãsja]
hypothèse (f)	hipótese (f)	[i'pɔtezi]
dilemme (m)	dilema (m)	[dʒi'lɛma]
thèse (f)	tese (f)	['tɛzi]
dogme (m)	dogma (m)	['dɔgma]
doctrine (f)	doutrina (f)	[do'trina]
recherche (f)	pesquisa (f)	[pes'kiza]
rechercher (vt)	pesquisar (vt)	[peski'zar]
test (m)	testes (m pl)	['tɛstʃis]
laboratoire (m)	laboratório (m)	[labora'tɔrju]
méthode (f)	método (m)	['mɛtodu]
molécule (f)	molécula (f)	[mo'lɛkula]
monitoring (m)	monitoramento (m)	[monitora'mẽtu]
découverte (f)	descoberta (f)	[dʒisko'bɛrta]
postulat (m)	postulado (m)	[postu'ladu]
principe (m)	princípio (m)	[prĩ'sipju]
prévision (f)	prognóstico (m)	[prog'nɔstʃiku]
prévoir (vt)	prognosticar (vt)	[prognostʃi'kar]
synthèse (f)	síntese (f)	['sĩtezi]
tendance (f)	tendência (f)	[tẽ'dẽsja]
théorème (m)	teorema (m)	[teo'rɛma]
enseignements (m pl)	ensinamentos (m pl)	[ẽsina'mẽtus]
fait (m)	fato (m)	['fatu]
expédition (f)	expedição (f)	[ispedʒi'sãw]
expérience (f)	experiência (f)	[ispe'rjẽsja]
académicien (m)	acadêmico (m)	[aka'demiku]
bachelier (m)	bacharel (m)	[baʃa'rɛw]
docteur (m)	doutor (m)	[do'tor]
chargé (m) de cours	professor (m) associado	[profe'sor aso'sjadu]

magistère (m)   **mestrado** (m)   [mes'trado]
professeur (m)   **professor** (m)   [profe'sor]

Les professions. Les métiers

85. La recherche d'emploi. Le licenciement

travail (m)	trabalho (m)	[tra'baʎu]
employés (pl)	equipe (f)	[e'kipi]
personnel (m)	pessoal (m)	[pe'swaw]
carrière (f)	carreira (f)	[ka'hejra]
perspective (f)	perspectivas (f pl)	[perspek'tʃivas]
maîtrise (f)	habilidades (f pl)	[abili'dadʒis]
sélection (f)	seleção (f)	[sele'sãw]
agence (f) de recrutement	agência (f) de emprego	[a'ʒẽsja de ẽ'pregu]
C.V. (m)	currículo (m)	[ku'hikulu]
entretien (m)	entrevista (f) de emprego	[ẽtre'vista de ẽ'pregu]
emploi (m) vacant	vaga (f)	['vaga]
salaire (m)	salário (m)	[sa'larju]
salaire (m) fixe	salário (m) fixo	[sa'larju 'fiksu]
rémunération (f)	pagamento (m)	[paga'mẽtu]
poste (m) (~ évolutif)	cargo (m)	['kargu]
fonction (f)	dever (m)	[de'ver]
liste (f) des fonctions	gama (f) de deveres	['gama de de'veris]
occupé (adj)	ocupado	[oku'padu]
licencier (vt)	despedir, demitir (vt)	[dʒispe'dʒir], [demi'tʃir]
licenciement (m)	demissão (f)	[demi'sãw]
chômage (m)	desemprego (m)	[dʒizẽ'pregu]
chômeur (m)	desempregado (m)	[dʒizẽpre'gadu]
retraite (f)	aposentadoria (f)	[apozẽtado'ria]
prendre sa retraite	aposentar-se (vr)	[apozẽ'tarsi]

86. Les hommes d'affaires

directeur (m)	diretor (m)	[dʒire'tor]
gérant (m)	gerente (m)	[ʒe'rẽtʃi]
patron (m)	patrão, chefe (m)	[pa'trãw], ['ʃɛfi]
supérieur (m)	superior (m)	[supe'rjor]
supérieurs (m pl)	superiores (m pl)	[supe'rjores]
président (m)	presidente (m)	[prezi'dẽtʃi]
président (m) (d'entreprise)	chairman, presidente (m)	['tʃɛamen], [prezi'dẽtʃi]
adjoint (m)	substituto (m)	[substi'tutu]
assistant (m)	assistente (m)	[asis'tẽtʃi]

secrétaire (m, f)	secretário (m)	[sekre'tarju]
secrétaire (m, f) personnel	secretário (m) pessoal	[sekre'tarju pe'swaw]

homme (m) d'affaires	homem (m) de negócios	['ɔmẽ de ne'gɔsjus]
entrepreneur (m)	empreendedor (m)	[ĕprjĕde'dor]
fondateur (m)	fundador (m)	[fũda'dor]
fonder (vt)	fundar (vt)	[fũ'dar]

fondateur (m)	principiador (m)	[prĩsipja'dor]
partenaire (m)	parceiro, sócio (m)	[par'sejru], ['sɔsju]
actionnaire (m)	acionista (m)	[asjo'nista]

millionnaire (m)	milionário (m)	[miljo'narju]
milliardaire (m)	bilionário (m)	[biljo'narju]
propriétaire (m)	proprietário (m)	[proprje'tarju]
propriétaire (m) foncier	proprietário (m) de terras	[proprje'tarju de 'tɛhas]

client (m)	cliente (m)	['kljẽtʃi]
client (m) régulier	cliente (m) habitual	['kljẽtʃi abi'twaw]
acheteur (m)	comprador (m)	[kõpra'dor]
visiteur (m)	visitante (m)	[vizi'tãtʃi]

professionnel (m)	profissional (m)	[profisjo'naw]
expert (m)	perito (m)	[pe'ritu]
spécialiste (m)	especialista (m)	[ispesja'lista]

banquier (m)	banqueiro (m)	[bã'kejru]
courtier (m)	corretor (m)	[kohe'tor]

caissier (m)	caixa (m, f)	['kaɪʃa]
comptable (m)	contador (m)	[kõta'dor]
agent (m) de sécurité	guarda (m)	['gwarda]

investisseur (m)	investidor (m)	[ĩvestʃi'dor]
débiteur (m)	devedor (m)	[deve'dor]
créancier (m)	credor (m)	[kre'dor]
emprunteur (m)	mutuário (m)	[mu'twarju]

importateur (m)	importador (m)	[ĩporta'dor]
exportateur (m)	exportador (m)	[isporta'dor]

producteur (m)	produtor (m)	[produ'tor]
distributeur (m)	distribuidor (m)	[dʒistribwi'dor]
intermédiaire (m)	intermediário (m)	[ĩterme'dʒjarju]

conseiller (m)	consultor (m)	[kõsuw'tor]
représentant (m)	representante (m) comercial	[heprezẽ'tãtʃi komer'sjaw]
agent (m)	agente (m)	[a'ʒẽtʃi]
agent (m) d'assurances	agente (m) de seguros	[a'ʒẽtʃi de se'gurus]

87. Les métiers des services

cuisinier (m)	cozinheiro (m)	[kozi'ɲejru]
cuisinier (m) en chef	chefe (m) de cozinha	['ʃefi de ko'ziɲa]

boulanger (m)	padeiro (m)	[pa'dejru]
barman (m)	barman (m)	[bar'mã]
serveur (m)	garçom (m)	[gar'sõ]
serveuse (f)	garçonete (f)	[garso'netʃi]
avocat (m)	advogado (m)	[adʒivo'gadu]
juriste (m)	jurista (m)	[ʒu'rista]
notaire (m)	notário (m)	[no'tarju]
électricien (m)	eletricista (m)	[eletri'sista]
plombier (m)	encanador (m)	[ẽkana'dor]
charpentier (m)	carpinteiro (m)	[karpĩ'tejru]
masseur (m)	massagista (m)	[masa'ʒista]
masseuse (f)	massagista (f)	[masa'ʒista]
médecin (m)	médico (m)	['mɛdʒiku]
chauffeur (m) de taxi	taxista (m)	[tak'sista]
chauffeur (m)	condutor, motorista (m)	[kõdu'tor], [moto'rista]
livreur (m)	entregador (m)	[ẽtrega'dor]
femme (f) de chambre	camareira (f)	[kama'rejra]
agent (m) de sécurité	guarda (m)	['gwarda]
hôtesse (f) de l'air	aeromoça (f)	[aero'mosa]
professeur (m)	professor (m)	[profe'sor]
bibliothécaire (m)	bibliotecário (m)	[bibljote'karju]
traducteur (m)	tradutor (m)	[tradu'tor]
interprète (m)	intérprete (m)	[ĩ'tɛrpretʃi]
guide (m)	guia (m)	['gia]
coiffeur (m)	cabeleireiro (m)	[kabelej'rejru]
facteur (m)	carteiro (m)	[kar'tejru]
vendeur (m)	vendedor (m)	[vẽde'dor]
jardinier (m)	jardineiro (m)	[ʒardʒi'nejru]
serviteur (m)	criado (m)	['krjadu]
servante (f)	criada (f)	['krjada]
femme (f) de ménage	empregada (f) de limpeza	[ẽpre'gada de lĩ'peza]

88. Les professions militaires et leurs grades

soldat (m) (grade)	soldado (m) raso	[sow'dadu 'hazu]
sergent (m)	sargento (m)	[sar'ʒẽtu]
lieutenant (m)	tenente (m)	[te'nẽtʃi]
capitaine (m)	capitão (m)	[kapi'tãw]
commandant (m)	major (m)	[ma'ʒɔr]
colonel (m)	coronel (m)	[koro'nɛw]
général (m)	general (m)	[ʒene'raw]
maréchal (m)	marechal (m)	[mare'ʃaw]
amiral (m)	almirante (m)	[awmi'rãtʃi]
militaire (m)	militar (m)	[mili'tar]
soldat (m)	soldado (m)	[sow'dadu]

officier (m)	oficial (m)	[ofi'sjaw]
commandant (m)	comandante (m)	[komã'dãtʃi]
garde-frontière (m)	guarda (m) de fronteira	['gwarda de frõ'tejra]
opérateur (m) radio	operador (m) de rádio	[opera'dor de 'hadʒju]
éclaireur (m)	explorador (m)	[isplora'dor]
démineur (m)	sapador-mineiro (m)	[sapa'dor-mi'nejru]
tireur (m)	atirador (m)	[atʃira'dor]
navigateur (m)	navegador (m)	[navega'dor]

89. Les fonctionnaires. Les prêtres

roi (m)	rei (m)	[hej]
reine (f)	rainha (f)	[ha'iɲa]
prince (m)	príncipe (m)	['prĩsipi]
princesse (f)	princesa (f)	[prĩ'seza]
tsar (m)	czar (m)	['kzar]
tsarine (f)	czarina (f)	[kza'rina]
président (m)	presidente (m)	[prezi'dẽtʃi]
ministre (m)	ministro (m)	[mi'nistru]
premier ministre (m)	primeiro-ministro (m)	[pri'mejru mi'nistru]
sénateur (m)	senador (m)	[sena'dor]
diplomate (m)	diplomata (m)	[dʒiplo'mata]
consul (m)	cônsul (m)	['kõsuw]
ambassadeur (m)	embaixador (m)	[ẽbajʃa'dor]
conseiller (m)	conselheiro (m)	[kõse'ʎejru]
fonctionnaire (m)	funcionário (m)	[fũsjo'narju]
préfet (m)	prefeito (m)	[pre'fejtu]
maire (m)	Presidente (m) da Câmara	[prezi'dẽtʃi da 'kamara]
juge (m)	juiz (m)	[ʒwiz]
procureur (m)	procurador (m)	[prokura'dor]
missionnaire (m)	missionário (m)	[misjo'narju]
moine (m)	monge (m)	['mõʒi]
abbé (m)	abade (m)	[a'badʒi]
rabbin (m)	rabino (m)	[ha'binu]
vizir (m)	vizir (m)	[vi'zir]
shah (m)	xá (m)	[ʃa]
cheik (m)	xeique (m)	['ʃɛjki]

90. Les professions agricoles

apiculteur (m)	abelheiro (m)	[abi'ʎejru]
berger (m)	pastor (m)	[pas'tor]
agronome (m)	agrônomo (m)	[a'gronomu]

| éleveur (m) | criador (m) de gado | [krja'dor de 'gadu] |
| vétérinaire (m) | veterinário (m) | [veteri'narju] |

fermier (m)	agricultor, fazendeiro (m)	[agrikuw'tor], [fazẽ'dejru]
vinificateur (m)	vinicultor (m)	[vinikuw'tor]
zoologiste (m)	zoólogo (m)	[zo'ɔlogu]
cow-boy (m)	vaqueiro (m)	[va'kejru]

91. Les professions artistiques

| acteur (m) | ator (m) | [a'tor] |
| actrice (f) | atriz (f) | [a'triz] |

| chanteur (m) | cantor (m) | [kã'tor] |
| cantatrice (f) | cantora (f) | [kã'tora] |

| danseur (m) | bailarino (m) | [bajla'rinu] |
| danseuse (f) | bailarina (f) | [bajla'rina] |

| artiste (m) | artista (m) | [ar'tʃista] |
| artiste (f) | artista (f) | [ar'tʃista] |

musicien (m)	músico (m)	['muziku]
pianiste (m)	pianista (m)	[pja'nista]
guitariste (m)	guitarrista (m)	[gita'hista]

chef (m) d'orchestre	maestro (m)	[ma'ɛstru]
compositeur (m)	compositor (m)	[kõpozi'tor]
imprésario (m)	empresário (m)	[ẽpre'zarju]

metteur (m) en scène	diretor (m) de cinema	[dʒire'tor de si'nɛma]
producteur (m)	produtor (m)	[produ'tor]
scénariste (m)	roteirista (m)	[hotej'rista]
critique (m)	crítico (m)	['kritʃiku]

écrivain (m)	escritor (m)	[iskri'tor]
poète (m)	poeta (m)	['pwɛta]
sculpteur (m)	escultor (m)	[iskuw'tor]
peintre (m)	pintor (m)	[pĩ'tor]

jongleur (m)	malabarista (m)	[malaba'rista]
clown (m)	palhaço (m)	[pa'ʎasu]
acrobate (m)	acrobata (m)	[akro'bata]
magicien (m)	ilusionista (m)	[iluzjo'nista]

92. Les différents métiers

médecin (m)	médico (m)	['mɛdʒiku]
infirmière (f)	enfermeira (f)	[ẽfer'mejra]
psychiatre (m)	psiquiatra (m)	[psi'kjatra]
stomatologue (m)	dentista (m)	[dẽ'tʃista]
chirurgien (m)	cirurgião (m)	[sirur'ʒjãw]

astronaute (m)	astronauta (m)	[astro'nawta]
astronome (m)	astrônomo (m)	[as'tronomu]
pilote (m)	piloto (m)	[pi'lotu]

chauffeur (m)	motorista (m)	[moto'rista]
conducteur (m) de train	maquinista (m)	[maki'nista]
mécanicien (m)	mecânico (m)	[me'kaniku]

mineur (m)	mineiro (m)	[mi'nejru]
ouvrier (m)	operário (m)	[ope'rarju]
serrurier (m)	serralheiro (m)	[seha'ʎejru]
menuisier (m)	marceneiro (m)	[marse'nejru]
tourneur (m)	torneiro (m)	[tor'nejru]
ouvrier (m) du bâtiment	construtor (m)	[kõstru'tor]
soudeur (m)	soldador (m)	[sɔwda'dor]

professeur (m) (titre)	professor (m)	[profe'sor]
architecte (m)	arquiteto (m)	[arki'tɛtu]
historien (m)	historiador (m)	[istorja'dor]
savant (m)	cientista (m)	[sjẽ'tʃista]
physicien (m)	físico (m)	['fiziku]
chimiste (m)	químico (m)	['kimiku]

archéologue (m)	arqueólogo (m)	[ar'kjɔlogu]
géologue (m)	geólogo (m)	[ʒe'ɔlogu]
chercheur (m)	pesquisador (m)	[peskiza'dor]

baby-sitter (m, f)	babysitter, babá (f)	[bebi'sitter], [ba'ba]
pédagogue (m, f)	professor (m)	[profe'sor]

rédacteur (m)	redator (m)	[heda'tor]
rédacteur (m) en chef	redator-chefe (m)	[heda'tor 'ʃɛfi]
correspondant (m)	correspondente (m)	[kohespõ'dẽtʃi]
dactylographe (f)	datilógrafa (f)	[datʃi'lɔgrafa]

designer (m)	designer (m)	[dʒi'zajner]
informaticien (m)	perito (m) em informática	[pe'ritu ẽ ĩfur'matika]
programmeur (m)	programador (m)	[programa'dor]
ingénieur (m)	engenheiro (m)	[ẽʒe'ɲejru]

marin (m)	marujo (m)	[ma'ruʒu]
matelot (m)	marinheiro (m)	[mari'ɲejru]
secouriste (m)	socorrista (m)	[soko'hista]

pompier (m)	bombeiro (m)	[bõ'bejru]
policier (m)	polícia (m)	[po'lisja]
veilleur (m) de nuit	guarda-noturno (m)	['gwarda no'turnu]
détective (m)	detetive (m)	[dete'tʃivi]

douanier (m)	funcionário (m) da alfândega	[fũsjo'narju da aw'fãdʒiga]
garde (m) du corps	guarda-costas (m)	['gwarda 'kɔstas]
gardien (m) de prison	guarda (m) prisional	['gwarda prizjo'naw]
inspecteur (m)	inspetor (m)	[ĩspe'tor]

sportif (m)	esportista (m)	[ispor'tʃista]
entraîneur (m)	treinador (m)	[trejna'dor]

boucher (m)	açougueiro (m)	[aso'gejru]
cordonnier (m)	sapateiro (m)	[sapa'tejru]
commerçant (m)	comerciante (m)	[komer'sjätʃi]
chargeur (m)	carregador (m)	[kahega'dor]
couturier (m)	estilista (m)	[istʃi'lista]
modèle (f)	modelo (f)	[mo'delu]

93. Les occupations. Le statut social

écolier (m)	estudante (m)	[istu'dātʃi]
étudiant (m)	estudante (m)	[istu'dātʃi]
philosophe (m)	filósofo (m)	[fi'lɔzofu]
économiste (m)	economista (m)	[ekono'mista]
inventeur (m)	inventor (m)	[ĩvẽ'tor]
chômeur (m)	desempregado (m)	[dʒizẽpre'gadu]
retraité (m)	aposentado (m)	[apozẽ'tadu]
espion (m)	espião (m)	[is'pjãw]
prisonnier (m)	preso, prisioneiro (m)	['prezu], [prizjo'nejru]
gréviste (m)	grevista (m)	[gre'vista]
bureaucrate (m)	burocrata (m)	[buro'krata]
voyageur (m)	viajante (m)	[vja'ʒātʃi]
homosexuel (m)	homossexual (m)	[omosek'swaw]
hacker (m)	hacker (m)	['haker]
hippie (m, f)	hippie (m, f)	['hɪpɪ]
bandit (m)	bandido (m)	[bã'dʒidu]
tueur (m) à gages	assassino (m)	[asa'sinu]
drogué (m)	drogado (m)	[dro'gadu]
trafiquant (m) de drogue	traficante (m)	[trafi'kātʃi]
prostituée (f)	prostituta (f)	[prostʃi'tuta]
souteneur (m)	cafetão (m)	[kafe'tãw]
sorcier (m)	bruxo (m)	['bruʃu]
sorcière (f)	bruxa (f)	['bruʃa]
pirate (m)	pirata (m)	[pi'rata]
esclave (m)	escravo (m)	[is'kravu]
samouraï (m)	samurai (m)	[samu'raj]
sauvage (m)	selvagem (m)	[sew'vaʒẽ]

L'éducation

94. L'éducation

école (f)	escola (f)	[isˈkɔla]
directeur (m) d'école	diretor (m) de escola	[dʒireˈtor de isˈkɔla]
élève (m)	aluno (m)	[aˈlunu]
élève (f)	aluna (f)	[aˈluna]
écolier (m)	estudante (m)	[istuˈdãtʃi]
écolière (f)	estudante (f)	[istuˈdãtʃi]
enseigner (vt)	ensinar (vt)	[ẽsiˈnar]
apprendre (~ l'arabe)	aprender (vt)	[aprẽˈder]
apprendre par cœur	decorar (vt)	[dekoˈrar]
apprendre (à faire qch)	estudar (vi)	[istuˈdar]
être étudiant, -e	estar na escola	[isˈtar na isˈkɔla]
aller à l'école	ir à escola	[ir a isˈkɔla]
alphabet (m)	alfabeto (m)	[awfaˈbɛtu]
matière (f)	disciplina (f)	[dʒisiˈplina]
salle (f) de classe	sala (f) de aula	[ˈsala de ˈawla]
leçon (f)	lição, aula (f)	[liˈsãw], [ˈawla]
récréation (f)	recreio (m)	[heˈkreju]
sonnerie (f)	toque (m)	[ˈtɔki]
pupitre (m)	classe (f)	[ˈklasi]
tableau (m) noir	quadro (m) negro	[ˈkwadru ˈnegru]
note (f)	nota (f)	[ˈnɔta]
bonne note (f)	boa nota (f)	[ˈboa ˈnɔta]
mauvaise note (f)	nota (f) baixa	[ˈnɔta ˈbaɪʃa]
donner une note	dar uma nota	[dar ˈuma ˈnɔta]
faute (f)	erro (m)	[ˈehu]
faire des fautes	errar (vi)	[eˈhar]
corriger (une erreur)	corrigir (vt)	[kohiˈʒir]
antisèche (f)	cola (f)	[ˈkɔla]
devoir (m)	dever (m) de casa	[deˈver de ˈkaza]
exercice (m)	exercício (m)	[ezerˈsisju]
être présent	estar presente	[isˈtar preˈzẽtʃi]
être absent	estar ausente	[isˈtar awˈzẽtʃi]
manquer l'école	faltar às aulas	[fawˈtar as ˈawlas]
punir (vt)	punir (vt)	[puˈnir]
punition (f)	punição (f)	[puniˈsãw]
conduite (f)	comportamento (m)	[kõportaˈmẽtu]

carnet (m) de notes	boletim (m) escolar	[bole'tʃĩ isko'lar]
crayon (m)	lápis (m)	['lapis]
gomme (f)	borracha (f)	[bo'haʃa]
craie (f)	giz (m)	[ʒiz]
plumier (m)	porta-lápis (m)	['pɔrta-'lapis]
cartable (m)	mala, pasta, mochila (f)	['mala], ['pasta], [mo'ʃila]
stylo (m)	caneta (f)	[ka'neta]
cahier (m)	caderno (m)	[ka'dɛrnu]
manuel (m)	livro (m) didático	['livru dʒi'datʃiku]
compas (m)	compasso (m)	[kõ'pasu]
dessiner (~ un plan)	traçar (vt)	[tra'sar]
dessin (m) technique	desenho (m) técnico	[de'zɛɲu 'tɛkniku]
poésie (f)	poesia (f)	[poe'zia]
par cœur (adv)	de cor	[de kɔr]
apprendre par cœur	decorar (vt)	[deko'rar]
vacances (f pl)	férias (f pl)	['fɛrjas]
être en vacances	estar de férias	[is'tar de 'fɛrjas]
passer les vacances	passar as férias	[pa'sar as 'fɛrjas]
interrogation (f) écrite	teste (m), prova (f)	['tɛstʃi], ['prɔva]
composition (f)	redação (f)	[heda'sãw]
dictée (f)	ditado (m)	[dʒi'tadu]
examen (m)	exame (m), prova (f)	[e'zami], ['prɔva]
passer les examens	fazer prova	[fa'zer 'prɔva]
expérience (f) (~ de chimie)	experiência (f)	[ispe'rjẽsja]

95. L'enseignement supérieur

académie (f)	academia (f)	[akade'mia]
université (f)	universidade (f)	[universi'dadʒi]
faculté (f)	faculdade (f)	[fakuw'dadʒi]
étudiant (m)	estudante (m)	[istu'dãtʃi]
étudiante (f)	estudante (f)	[istu'dãtʃi]
enseignant (m)	professor (m)	[profe'sor]
salle (f)	auditório (m)	[awdʒi'tɔrju]
licencié (m)	graduado (m)	[gra'dwadu]
diplôme (m)	diploma (m)	[dʒip'lɔma]
thèse (f)	tese (f)	['tɛzi]
étude (f)	estudo (m)	[is'tudu]
laboratoire (m)	laboratório (m)	[labora'tɔrju]
cours (m)	palestra (f)	[pa'lɛstra]
camarade (m) de cours	colega (m) de curso	[ko'lɛga de 'kursu]
bourse (f)	bolsa (f) de estudos	['bowsa de is'tudus]
grade (m) universitaire	grau (m) acadêmico	['graw aka'demiku]

96. Les disciplines scientifiques

mathématiques (f pl)	matemática (f)	[mate'matʃika]
algèbre (f)	álgebra (f)	['awʒebra]
géométrie (f)	geometria (f)	[ʒeome'tria]
astronomie (f)	astronomia (f)	[astrono'mia]
biologie (f)	biologia (f)	[bjolo'ʒia]
géographie (f)	geografia (f)	[ʒeogra'fia]
géologie (f)	geologia (f)	[ʒeolo'ʒia]
histoire (f)	história (f)	[is'tɔrja]
médecine (f)	medicina (f)	[medʒi'sina]
pédagogie (f)	pedagogia (f)	[pedago'ʒia]
droit (m)	direito (m)	[dʒi'rejtu]
physique (f)	física (f)	['fizika]
chimie (f)	química (f)	['kimika]
philosophie (f)	filosofia (f)	[filozo'fia]
psychologie (f)	psicologia (f)	[psikolo'ʒia]

97. Le système d'écriture et l'orthographe

grammaire (f)	gramática (f)	[gra'matʃika]
vocabulaire (m)	vocabulário (m)	[vokabu'larju]
phonétique (f)	fonética (f)	[fo'nɛtʃika]
nom (m)	substantivo (m)	[substã'tʃivu]
adjectif (m)	adjetivo (m)	[adʒe'tʃivu]
verbe (m)	verbo (m)	['vɛrbu]
adverbe (m)	advérbio (m)	[adʒi'vɛrbju]
pronom (m)	pronome (m)	[pro'nɔmi]
interjection (f)	interjeição (f)	[ĩterʒej'sãw]
préposition (f)	preposição (f)	[prepozi'sãw]
racine (f)	raiz (f)	[ha'iz]
terminaison (f)	terminação (f)	[termina'sãw]
préfixe (m)	prefixo (m)	[pre'fiksu]
syllabe (f)	sílaba (f)	['silaba]
suffixe (m)	sufixo (m)	[su'fiksu]
accent (m) tonique	acento (m)	[a'sẽtu]
apostrophe (f)	apóstrofo (m)	[a'pɔstrofu]
point (m)	ponto (m)	['põtu]
virgule (f)	vírgula (f)	['virgula]
point (m) virgule	ponto e vírgula (m)	['põtu e 'virgula]
deux-points (m)	dois pontos (m pl)	['dojs 'põtus]
points (m pl) de suspension	reticências (f pl)	[hetʃi'sẽsjas]
point (m) d'interrogation	ponto (m) de interrogação	['põtu de ĩtehoga'sãw]
point (m) d'exclamation	ponto (m) de exclamação	['põtu de isklama'sãw]

guillemets (m pl)	aspas (f pl)	['aspas]
entre guillemets	entre aspas	[ẽtri 'aspas]
parenthèses (f pl)	parênteses (m pl)	[pa'rẽtezis]
entre parenthèses	entre parênteses	[ẽtri pa'rẽtezis]
trait (m) d'union	hífen (m)	['ifẽ]
tiret (m)	travessão (m)	[trave'sãw]
blanc (m)	espaço (m)	[is'pasu]
lettre (f)	letra (f)	['letra]
majuscule (f)	letra (f) maiúscula	['letra ma'juskula]
voyelle (f)	vogal (f)	[vo'gaw]
consonne (f)	consoante (f)	[kõso'ãtʃi]
proposition (f)	frase (f)	['frazi]
sujet (m)	sujeito (m)	[su'ʒejtu]
prédicat (m)	predicado (m)	[predʒi'kadu]
ligne (f)	linha (f)	['liɲa]
à la ligne	em uma nova linha	[ẽ 'uma 'nɔva 'liɲa]
paragraphe (m)	parágrafo (m)	[pa'ragrafu]
mot (m)	palavra (f)	[pa'lavra]
groupe (m) de mots	grupo (m) de palavras	['grupu de pa'lavras]
expression (f)	expressão (f)	[ispre'sãw]
synonyme (m)	sinônimo (m)	[si'nonimu]
antonyme (m)	antônimo (m)	[ã'tonimu]
règle (f)	regra (f)	['hɛgra]
exception (f)	exceção (f)	[ese'sãw]
correct (adj)	correto	[ko'hɛtu]
conjugaison (f)	conjugação (f)	[kõʒuga'sãw]
déclinaison (f)	declinação (f)	[deklina'sãw]
cas (m)	caso (m)	['kazu]
question (f)	pergunta (f)	[per'gũta]
souligner (vt)	sublinhar (vt)	[subli'ɲar]
pointillé (m)	linha (f) pontilhada	['liɲa põtʃi'ʎada]

98. Les langues étrangères

langue (f)	língua (f)	['lĩgwa]
étranger (adj)	estrangeiro	[istrã'ʒejru]
langue (f) étrangère	língua (f) estrangeira	['lĩgwa istrã'ʒejra]
étudier (vt)	estudar (vt)	[istu'dar]
apprendre (~ l'arabe)	aprender (vt)	[aprẽ'der]
lire (vi, vt)	ler (vt)	[ler]
parler (vi, vt)	falar (vi)	[fa'lar]
comprendre (vt)	entender (vt)	[ẽtẽ'der]
écrire (vt)	escrever (vt)	[iskre'ver]
vite (adv)	rapidamente	[hapida'mẽtʃi]
lentement (adv)	lentamente	[lẽta'mẽtʃi]

couramment (adv)	fluentemente	[fluẽte'mẽtʃi]
règles (f pl)	regras (f pl)	['hɛgras]
grammaire (f)	gramática (f)	[gra'matʃika]
vocabulaire (m)	vocabulário (m)	[vokabu'larju]
phonétique (f)	fonética (f)	[fo'nɛtʃika]
manuel (m)	livro (m) didático	['livru dʒi'datʃiku]
dictionnaire (m)	dicionário (m)	[dʒisjo'narju]
manuel (m) autodidacte	manual (m) autodidático	[ma'nwaw awtɔdʒi'datʃiku]
guide (m) de conversation	guia (m) de conversação	['gia de kõversa'sãw]
cassette (f)	fita (f) cassete	['fita ka'sɛtʃi]
cassette (f) vidéo	videoteipe (m)	[vidʒju'tejpi]
CD (m)	CD, disco (m) compacto	['sede], ['dʒisku kõ'paktu]
DVD (m)	DVD (m)	[deve'de]
alphabet (m)	alfabeto (m)	[awfa'bɛtu]
épeler (vt)	soletrar (vt)	[sole'trar]
prononciation (f)	pronúncia (f)	[pro'nũsja]
accent (m)	sotaque (m)	[so'taki]
avec un accent	com sotaque	[kõ so'taki]
sans accent	sem sotaque	[sẽ so'taki]
mot (m)	palavra (f)	[pa'lavra]
sens (m)	sentido (m)	[sẽ'tʃidu]
cours (m pl)	curso (m)	['kursu]
s'inscrire (vp)	inscrever-se (vr)	[ĩskre'verse]
professeur (m) (~ d'anglais)	professor (m)	[profe'sor]
traduction (f) (action)	tradução (f)	[tradu'sãw]
traduction (f) (texte)	tradução (f)	[tradu'sãw]
traducteur (m)	tradutor (m)	[tradu'tor]
interprète (m)	intérprete (m)	[ĩ'tɛrpretʃi]
polyglotte (m)	poliglota (m)	[pɔli'glɔta]
mémoire (f)	memória (f)	[me'mɔrja]

Les loisirs. Les voyages

99. Les voyages. Les excursions

tourisme (m)	turismo (m)	[tu'rizmu]
touriste (m)	turista (m)	[tu'rista]
voyage (m) (à l'étranger)	viagem (f)	['vjaʒẽ]
aventure (f)	aventura (f)	[avẽ'tura]
voyage (m)	viagem (f)	['vjaʒẽ]
vacances (f pl)	férias (f pl)	['fɛrjas]
être en vacances	estar de férias	[is'tar de 'fɛrjas]
repos (m) (jours de ~)	descanso (m)	[dʒis'kãsu]
train (m)	trem (m)	[trẽj]
en train	de trem	[de trẽj]
avion (m)	avião (m)	[a'vjãw]
en avion	de avião	[de a'vjãw]
en voiture	de carro	[de 'kaho]
en bateau	de navio	[de na'viu]
bagage (m)	bagagem (f)	[ba'gaʒẽ]
malle (f)	mala (f)	['mala]
chariot (m)	carrinho (m)	[ka'hiɲu]
passeport (m)	passaporte (m)	[pasa'pɔrtʃi]
visa (m)	visto (m)	['vistu]
ticket (m)	passagem (f)	[pa'saʒẽ]
billet (m) d'avion	passagem (f) aérea	[pa'saʒẽ a'erja]
guide (m) (livre)	guia (m) de viagem	['gia de vi'aʒẽ]
carte (f)	mapa (m)	['mapa]
région (f) (~ rurale)	área (f)	['arja]
endroit (m)	lugar (m)	[lu'gar]
exotisme (m)	exotismo (m)	[ezo'tʃizmu]
exotique (adj)	exótico	[e'zɔtʃiku]
étonnant (adj)	surpreendente	[surprjẽ'dẽtʃi]
groupe (m)	grupo (m)	['grupu]
excursion (f)	excursão (f)	[iskur'sãw]
guide (m) (personne)	guia (m)	['gia]

100. L'hôtel

hôtel (m)	hotel (m)	[o'tɛw]
motel (m)	motel (m)	[mo'tɛw]
3 étoiles	três estrelas	['tres is'trelas]

5 étoiles	cinco estrelas	['sĩku is'trelas]
descendre (à l'hôtel)	ficar (vi, vt)	[fi'kar]
chambre (f)	quarto (m)	['kwartu]
chambre (f) simple	quarto (m) individual	['kwartu ĩdʒivi'dwaw]
chambre (f) double	quarto (m) duplo	['kwartu 'duplu]
réserver une chambre	reservar um quarto	[hezer'var ũ 'kwartu]
demi-pension (f)	meia pensão (f)	['meja pẽ'sãw]
pension (f) complète	pensão (f) completa	[pẽ'sãw kõ'plɛta]
avec une salle de bain	com banheira	[kõ ba'ɲejra]
avec une douche	com chuveiro	[kõ ʃu'vejru]
télévision (f) par satellite	televisão (m) por satélite	[televi'zãw por sa'tɛlitʃi]
climatiseur (m)	ar (m) condicionado	[ar kõdʒisjo'nadu]
serviette (f)	toalha (f)	[to'aʎa]
clé (f)	chave (f)	['ʃavi]
administrateur (m)	administrador (m)	[adʒiministra'dor]
femme (f) de chambre	camareira (f)	[kama'rejra]
porteur (m)	bagageiro (m)	[baga'ʒejru]
portier (m)	porteiro (m)	[por'tejru]
restaurant (m)	restaurante (m)	[hestaw'rãtʃi]
bar (m)	bar (m)	[bar]
petit déjeuner (m)	café (m) da manhã	[ka'fɛ da ma'ɲã]
dîner (m)	jantar (m)	[ʒã'tar]
buffet (m)	bufê (m)	[bu'fe]
hall (m)	saguão (m)	[sa'gwãw]
ascenseur (m)	elevador (m)	[eleva'dor]
PRIÈRE DE NE PAS DÉRANGER	NÃO PERTURBE	['nãw per'turbi]
DÉFENSE DE FUMER	PROIBIDO FUMAR!	[proi'bidu fu'mar]

LE MATÉRIEL TECHNIQUE. LES TRANSPORTS

Le matériel technique

101. L'informatique

ordinateur (m)	computador (m)	[kõputa'dor]
PC (m) portable	computador (m) portátil	[kõputa'dɔr por'tatʃiw]
allumer (vt)	ligar (vt)	[li'gar]
éteindre (vt)	desligar (vt)	[dʒizli'gar]
clavier (m)	teclado (m)	[tɛk'ladu]
touche (f)	tecla (f)	['tɛkla]
souris (f)	mouse (m)	['mawz]
tapis (m) de souris	tapete (m) para mouse	[ta'petʃi 'para 'mawz]
bouton (m)	botão (m)	[bo'tãw]
curseur (m)	cursor (m)	[kur'sor]
moniteur (m)	monitor (m)	[moni'tor]
écran (m)	tela (f)	['tɛla]
disque (m) dur	disco (m) rígido	['dʒisku 'hiʒidu]
capacité (f) du disque dur	capacidade (f) do disco rígido	[kapasi'dadʒi du 'dʒisku 'hiʒidu]
mémoire (f)	memória (f)	[me'mɔrja]
mémoire (f) vive	memória RAM (f)	[me'mɔrja ram]
fichier (m)	arquivo (m)	[ar'kivu]
dossier (m)	pasta (f)	['pasta]
ouvrir (vt)	abrir (vt)	[a'brir]
fermer (vt)	fechar (vt)	[fe'ʃar]
sauvegarder (vt)	salvar (vt)	[saw'var]
supprimer (vt)	deletar (vt)	[dele'tar]
copier (vt)	copiar (vt)	[ko'pjar]
trier (vt)	ordenar (vt)	[orde'nar]
copier (vt)	copiar (vt)	[ko'pjar]
programme (m)	programa (m)	[pro'grama]
logiciel (m)	software (m)	[sof'twer]
programmeur (m)	programador (m)	[programa'dor]
programmer (vt)	programar (vt)	[progra'mar]
hacker (m)	hacker (m)	['haker]
mot (m) de passe	senha (f)	['sɛɲa]
virus (m)	vírus (m)	['virus]
découvrir (détecter)	detectar (vt)	[detek'tar]

| bit (m) | byte (m) | ['bajtʃi] |
| mégabit (m) | megabyte (m) | [mega'bajtʃi] |

| données (f pl) | dados (m pl) | ['dadus] |
| base (f) de données | base (f) de dados | ['bazi de 'dadus] |

câble (m)	cabo (m)	['kabu]
déconnecter (vt)	desconectar (vt)	[dezkonek'tar]
connecter (vt)	conectar (vt)	[konek'tar]

102. L'Internet. Le courrier électronique

Internet (m)	internet (f)	[ĩter'nɛtʃi]
navigateur (m)	browser (m)	['brawzer]
moteur (m) de recherche	motor (m) de busca	[mo'tor de 'buska]
fournisseur (m) d'accès	provedor (m)	[prove'dór]

administrateur (m) de site	webmaster (m)	[web'master]
site (m) web	website (m)	[websajt]
page (f) web	página web (f)	['paʒina webi]

| adresse (f) | endereço (m) | [ẽde'resu] |
| carnet (m) d'adresses | livro (m) de endereços | ['livru de ẽde'resus] |

boîte (f) de réception	caixa (f) de correio	['kaɪʃa de ko'heju]
courrier (m)	correio (m)	[ko'heju]
pleine (adj)	cheia	['ʃeja]

message (m)	mensagem (f)	[mẽ'saʒẽ]
messages (pl) entrants	mensagens (f pl) recebidas	[mẽ'saʒẽs hese'bidas]
messages (pl) sortants	mensagens (f pl) enviadas	[mẽ'saʒẽs ẽ'vjadas]
expéditeur (m)	remetente (m)	[heme'tẽtʃi]
envoyer (vt)	enviar (vt)	[ẽ'vjar]
envoi (m)	envio (m)	[ẽ'viu]

| destinataire (m) | destinatário (m) | [destʃina'tarju] |
| recevoir (vt) | receber (vt) | [hese'ber] |

| correspondance (f) | correspondência (f) | [kohespõ'dẽsja] |
| être en correspondance | corresponder-se (vr) | [kohespõ'dersi] |

fichier (m)	arquivo (m)	[ar'kivu]
télécharger (vt)	fazer o download, baixar (vt)	[fa'zer u dawn'load], [baj'ʃar]
créer (vt)	criar (vt)	[krjar]
supprimer (vt)	deletar (vt)	[dele'tar]
supprimé (adj)	deletado	[dele'tadu]

connexion (f) (ADSL, etc.)	conexão (f)	[konek'sãw]
vitesse (f)	velocidade (f)	[velosi'dadʒi]
modem (m)	modem (m)	['modẽ]
accès (m)	acesso (m)	[a'sɛsu]
port (m)	porta (f)	['porta]
connexion (f) (établir la ~)	conexão (f)	[konek'sãw]
se connecter à …	conectar (vi)	[konek'tar]

| sélectionner (vt) | escolher (vt) | [iskoʎer] |
| rechercher (vt) | buscar (vt) | [busˈkar] |

103. L'électricité

électricité (f)	eletricidade (f)	[eletrisiˈdadʒi]
électrique (adj)	elétrico	[eˈlɛtriku]
centrale (f) électrique	planta (f) elétrica	[ˈplãta eˈlɛtrika]
énergie (f)	energia (f)	[enerˈʒia]
énergie (f) électrique	energia (f) elétrica	[enerˈʒia eˈlɛtrika]

ampoule (f)	lâmpada (f)	[ˈlãpada]
torche (f)	lanterna (f)	[lãˈtɛrna]
réverbère (m)	poste (m) de iluminação	[ˈpostʃi de iluminaˈsãw]

lumière (f)	luz (f)	[luz]
allumer (vt)	ligar (vt)	[liˈgar]
éteindre (vt)	desligar (vt)	[dʒizliˈgar]
éteindre la lumière	apagar a luz	[apaˈgar a luz]

être grillé	queimar (vi)	[kejˈmar]
court-circuit (m)	curto-circuito (m)	[ˈkurtu sirˈkwitu]
rupture (f)	ruptura (f)	[hupˈtura]
contact (m)	contato (m)	[kõˈtatu]

interrupteur (m)	interruptor (m)	[ĩtehupˈtor]
prise (f)	tomada (f)	[toˈmada]
fiche (f)	plugue (m)	[ˈplugi]
rallonge (f)	extensão (f)	[istẽˈsãw]

fusible (m)	fusível (m)	[fuˈzivew]
fil (m)	fio, cabo (m)	[ˈfiu], [ˈkabu]
installation (f) électrique	instalação (f) elétrica	[ĩstalaˈsãw eˈlɛtrika]

ampère (m)	ampère (m)	[ãˈpɛri]
intensité (f) du courant	amperagem (f)	[ãpeˈraʒẽ]
volt (m)	volt (m)	[ˈvowtʃi]
tension (f)	voltagem (f)	[vowˈtaʒẽ]

| appareil (m) électrique | aparelho (m) elétrico | [apaˈreʎu eˈlɛtriku] |
| indicateur (m) | indicador (m) | [ĩdʒikaˈdor] |

électricien (m)	eletricista (m)	[eletriˈsista]
souder (vt)	soldar (vt)	[sowˈdar]
fer (m) à souder	soldador (m)	[sowdaˈdor]
courant (m)	corrente (f) elétrica	[koˈhẽtʃi eˈlɛtrika]

104. Les outils

outil (m)	ferramenta (f)	[fehaˈmẽta]
outils (m pl)	ferramentas (f pl)	[fehaˈmẽtas]
équipement (m)	equipamento (m)	[ekipaˈmẽtu]

marteau (m)	martelo (m)	[mar'tɛlu]
tournevis (m)	chave (f) de fenda	['ʃavi de 'fẽda]
hache (f)	machado (m)	[ma'ʃadu]
scie (f)	serra (f)	['sɛha]
scier (vt)	serrar (vt)	[se'har]
rabot (m)	plaina (f)	['plajna]
raboter (vt)	aplainar (vt)	[aplaj'nar]
fer (m) à souder	soldador (m)	[sɔwda'dor]
souder (vt)	soldar (vt)	[sow'dar]
lime (f)	lima (f)	['lima]
tenailles (f pl)	tenaz (f)	[te'najz]
pince (f) plate	alicate (m)	[ali'katʃi]
ciseau (m)	formão (m)	[for'mãw]
foret (m)	broca (f)	['brɔka]
perceuse (f)	furadeira (f) elétrica	[fura'dejra e'lɛtrika]
percer (vt)	furar (vt)	[fu'rar]
couteau (m)	faca (f)	['faka]
lame (f)	lâmina (f)	['lamina]
bien affilé (adj)	afiado	[a'fjadu]
émoussé (adj)	cego	['sɛgu]
s'émousser (vp)	embotar-se (vr)	[ẽbo'tarsi]
affiler (vt)	afiar, amolar (vt)	[a'fjar], [amo'lar]
boulon (m)	parafuso (m)	[para'fuzu]
écrou (m)	porca (f)	['pɔrka]
filetage (m)	rosca (f)	['hoska]
vis (f) à bois	parafuso (m)	[para'fuzu]
clou (m)	prego (m)	['prɛgu]
tête (f) de clou	cabeça (f) do prego	[ka'besa du 'prɛgu]
règle (f)	régua (f)	['hɛgwa]
mètre (m) à ruban	fita (f) métrica	['fita 'mɛtrika]
niveau (m) à bulle	nível (m)	['nivew]
loupe (f)	lupa (f)	['lupa]
appareil (m) de mesure	medidor (m)	[medʒi'dor]
mesurer (vt)	medir (vt)	[me'dʒir]
échelle (f) (~ métrique)	escala (f)	[is'kala]
relevé (m)	indicação (f), registro (m)	[indʒika'sãw], [he'ʒistru]
compresseur (m)	compressor (m)	[kõpre'sor]
microscope (m)	microscópio (m)	[mikro'skɔpju]
pompe (f)	bomba (f)	['bõba]
robot (m)	robô (m)	[ho'bo]
laser (m)	laser (m)	['lɛjzer]
clé (f) de serrage	chave (f) de boca	['ʃavi de 'boka]
ruban (m) adhésif	fita (f) adesiva	['fita ade'ziva]
colle (f)	cola (f)	['kɔla]

papier (m) d'émeri	lixa (f)	['liʃa]
ressort (m)	mola (f)	['mɔla]
aimant (m)	ímã (m)	['imã]
gants (m pl)	luva (f)	['luva]
corde (f)	corda (f)	['kɔrda]
cordon (m)	corda (f)	['kɔrda]
fil (m) (~ électrique)	fio (m)	['fiu]
câble (m)	cabo (m)	['kabu]
masse (f)	marreta (f)	[ma'hɛta]
pic (m)	pé de cabra (m)	[pɛ de 'kabra]
escabeau (m)	escada (f) de mão	[is'kada de 'mãw]
échelle (f) double	escada (m)	[is'kada]
visser (vt)	enroscar (vt)	[ẽhos'kar]
dévisser (vt)	desenroscar (vt)	[dezẽhos'kar]
serrer (vt)	apertar (vt)	[aper'tar]
coller (vt)	colar (vt)	[ko'lar]
couper (vt)	cortar (vt)	[kor'tar]
défaut (m)	falha (f)	['faʎa]
réparation (f)	conserto (m)	[kõ'sɛrtu]
réparer (vt)	consertar, reparar (vt)	[kõser'tar], [hepa'rar]
régler (vt)	regular, ajustar (vt)	[hegu'lar], [aʒus'tar]
vérifier (vt)	verificar (vt)	[verifi'kar]
vérification (f)	verificação (f)	[verifika'sãw]
relevé (m)	indicação (f), registro (m)	[indʒika'sãw], [he'ʒistru]
fiable (machine ~)	seguro	[se'guru]
complexe (adj)	complicado	[kõpli'kadu]
rouiller (vi)	enferrujar (vi)	[ẽfehu'ʒar]
rouillé (adj)	enferrujado	[ẽfehu'ʒadu]
rouille (f)	ferrugem (f)	[fe'huʒẽ]

Les transports

105. L'avion

avion (m)	avião (m)	[a'vjãw]
billet (m) d'avion	passagem (f) aérea	[pa'saʒẽ a'erja]
compagnie (f) aérienne	companhia (f) aérea	[kõpa'ɲia a'erja]
aéroport (m)	aeroporto (m)	[aero'portu]
supersonique (adj)	supersônico	[super'soniku]
commandant (m) de bord	comandante (m) do avião	[komã'dãtʃi du a'vjãw]
équipage (m)	tripulação (f)	[tripula'sãw]
pilote (m)	piloto (m)	[pi'lotu]
hôtesse (f) de l'air	aeromoça (f)	[aero'mosa]
navigateur (m)	copiloto (m)	[kopi'lotu]
ailes (f pl)	asas (f pl)	['azas]
queue (f)	cauda (f)	['kawda]
cabine (f)	cabine (f)	[ka'bini]
moteur (m)	motor (m)	[mo'tor]
train (m) d'atterrissage	trem (m) de pouso	[trẽj de 'pozu]
turbine (f)	turbina (f)	[tur'bina]
hélice (f)	hélice (f)	['ɛlisi]
boîte (f) noire	caixa-preta (f)	['kaɪʃa 'preta]
gouvernail (m)	coluna (f) de controle	[ko'luna de kõ'troli]
carburant (m)	combustível (m)	[kõbus'tʃivew]
consigne (f) de sécurité	instruções (f pl) de segurança	[ĩstru'sõjs de segu'rãsa]
masque (m) à oxygène	máscara (f) de oxigênio	['maskara de oksi'ʒenju]
uniforme (m)	uniforme (m)	[uni'fɔrmi]
gilet (m) de sauvetage	colete (m) salva-vidas	[ko'letʃi 'sawva 'vidas]
parachute (m)	paraquedas (m)	[para'kɛdas]
décollage (m)	decolagem (f)	[deko'laʒẽ]
décoller (vi)	descolar (vi)	[dʒisko'lar]
piste (f) de décollage	pista (f) de decolagem	['pista de deko'laʒẽ]
visibilité (f)	visibilidade (f)	[vizibili'dadʒi]
vol (m) (~ d'oiseau)	voo (m)	['vou]
altitude (f)	altura (f)	[aw'tura]
trou (m) d'air	poço (m) de ar	['posu de 'ar]
place (f)	assento (m)	[a'sẽtu]
écouteurs (m pl)	fone (m) de ouvido	['foni de o'vidu]
tablette (f)	mesa (f) retrátil	['meza he'tratʃiw]
hublot (m)	janela (f)	[ʒa'nɛla]
couloir (m)	corredor (m)	[kohe'dor]

106. Le train

train (m)	trem (m)	[trẽj]
train (m) de banlieue	trem (m) elétrico	[trẽj e'lɛtriku]
TGV (m)	trem (m)	[trẽj]
locomotive (f) diesel	locomotiva (f) diesel	[lokomo'tʃiva 'dʒizew]
locomotive (f) à vapeur	locomotiva (f) a vapor	[lokomo'tʃiva a va'por]
wagon (m)	vagão (f) de passageiros	[va'gãw de pasa'ʒejrus]
wagon-restaurant (m)	vagão-restaurante (m)	[va'gãw-hestaw'rãtʃi]
rails (m pl)	carris (m pl)	[ka'his]
chemin (m) de fer	estrada (f) de ferro	[is'trada de 'fɛhu]
traverse (f)	travessa (f)	[tra'vɛsa]
quai (m)	plataforma (f)	[plata'fɔrma]
voie (f)	linha (f)	['liɲa]
sémaphore (m)	semáforo (m)	[se'maforu]
station (f)	estação (f)	[ista'sãw]
conducteur (m) de train	maquinista (m)	[maki'nista]
porteur (m)	bagageiro (m)	[baga'ʒejru]
steward (m)	hospedeiro, -a (m, f)	[ospe'dejru, -a]
passager (m)	passageiro (m)	[pasa'ʒejru]
contrôleur (m) de billets	revisor (m)	[hevi'zor]
couloir (m)	corredor (m)	[kohe'dor]
frein (m) d'urgence	freio (m) de emergência	['freju de imer'ʒẽsja]
compartiment (m)	compartimento (m)	[kõpartʃi'mẽtu]
couchette (f)	cama (f)	['kama]
couchette (f) d'en haut	cama (f) de cima	['kama de 'sima]
couchette (f) d'en bas	cama (f) de baixo	['kama de 'baɪʃu]
linge (m) de lit	roupa (f) de cama	['hopa de 'kama]
ticket (m)	passagem (f)	[pa'saʒẽ]
horaire (m)	horário (m)	[o'rarju]
tableau (m) d'informations	painel (m) de informação	[paj'nɛw de ĩforma'sãw]
partir (vi)	partir (vt)	[par'tʃir]
départ (m) (du train)	partida (f)	[par'tʃida]
arriver (le train)	chegar (vi)	[ʃe'gar]
arrivée (f)	chegada (f)	[ʃe'gada]
arriver en train	chegar de trem	[ʃe'gar de trẽj]
prendre le train	pegar o trem	[pe'gar u trẽj]
descendre du train	descer de trem	[de'ser de trẽj]
accident (m) ferroviaire	acidente (m) ferroviário	[asi'dẽtʃi feho'vjarju]
dérailler (vi)	descarrilar (vi)	[dʒiskahi'ʎar]
locomotive (f) à vapeur	locomotiva (f) a vapor	[lokomo'tʃiva a va'por]
chauffeur (m)	foguista (m)	[fo'gista]
chauffe (f)	fornalha (f)	[for'naʎa]
charbon (m)	carvão (m)	[kar'vãw]

107. Le bateau

bateau (m)	navio (m)	[na'viu]
navire (m)	embarcação (f)	[ẽbarka'sãw]
bateau (m) à vapeur	barco (m) a vapor	['barku a va'por]
paquebot (m)	barco (m) fluvial	['barku flu'vjaw]
bateau (m) de croisière	transatlântico (m)	[trãzat'lãtʃiku]
croiseur (m)	cruzeiro (m)	[kru'zejru]
yacht (m)	iate (m)	['jatʃi]
remorqueur (m)	rebocador (m)	[heboka'dor]
péniche (f)	barcaça (f)	[bar'kasa]
ferry (m)	ferry (m), balsa (f)	['fɛʀi], ['balsa]
voilier (m)	veleiro (m)	[ve'lejru]
brigantin (m)	bergantim (m)	[behgã'tʃĩ]
brise-glace (m)	quebra-gelo (m)	['kɛbra 'ʒelu]
sous-marin (m)	submarino (m)	[subma'rinu]
canot (m) à rames	bote, barco (m)	['botʃi], ['barku]
dinghy (m)	baleeira (f)	[bale'ejra]
canot (m) de sauvetage	bote (m) salva-vidas	['botʃi 'sawva 'vidas]
canot (m) à moteur	lancha (f)	['lãʃa]
capitaine (m)	capitão (m)	[kapi'tãw]
matelot (m)	marinheiro (m)	[mari'ɲejru]
marin (m)	marujo (m)	[ma'ruʒu]
équipage (m)	tripulação (f)	[tripula'sãw]
maître (m) d'équipage	contramestre (m)	[kõtra'mɛstri]
mousse (m)	grumete (m)	[gru'mɛtʃi]
cuisinier (m) du bord	cozinheiro (m) de bordo	[kozi'ɲejru de 'bordu]
médecin (m) de bord	médico (m) de bordo	['mɛdʒiku de 'bordu]
pont (m)	convés (m)	[kõ'vɛs]
mât (m)	mastro (m)	['mastru]
voile (f)	vela (f)	['vɛla]
cale (f)	porão (m)	[po'rãw]
proue (f)	proa (f)	['proa]
poupe (f)	popa (f)	['popa]
rame (f)	remo (m)	['hɛmu]
hélice (f)	hélice (f)	['ɛlisi]
cabine (f)	cabine (m)	[ka'bini]
carré (m) des officiers	sala (f) dos oficiais	['sala dus ofi'sjajs]
salle (f) des machines	sala (f) das máquinas	['sala das 'makinas]
passerelle (f)	ponte (m) de comando	['põtʃi de ko'mãdu]
cabine (f) de T.S.F.	sala (f) de comunicações	['sala de komunika'sõjs]
onde (f)	onda (f)	['õda]
journal (m) de bord	diário (m) de bordo	['dʒjarju de 'bordu]
longue-vue (f)	luneta (f)	[lu'neta]
cloche (f)	sino (m)	['sinu]

pavillon (m)	bandeira (f)	[bã'dejra]
grosse corde (f) tressée	cabo (m)	['kabu]
nœud (m) marin	nó (m)	[nɔ]

rampe (f)	corrimão (m)	[kohi'mãw]
passerelle (f)	prancha (f) de embarque	['prãʃa de ẽ'barki]

ancre (f)	âncora (f)	['ãkora]
lever l'ancre	recolher a âncora	[heko'ʎer a 'ãkora]
jeter l'ancre	jogar a âncora	[ʒo'gar a 'ãkora]
chaîne (f) d'ancrage	amarra (f)	[a'maha]

port (m)	porto (m)	['portu]
embarcadère (m)	cais, amarradouro (m)	[kajs], [amaha'doru]
accoster (vi)	atracar (vi)	[atra'kar]
larguer les amarres	desatracar (vi)	[dʒizatra'kar]

voyage (m) (à l'étranger)	viagem (f)	['vjaʒẽ]
croisière (f)	cruzeiro (m)	[kru'zejru]
cap (m) (suivre un ~)	rumo (m)	['humu]
itinéraire (m)	itinerário (m)	[itʃine'rarju]

chenal (m)	canal (m) de navegação	[ka'naw de navega'sãw]
bas-fond (m)	banco (m) de areia	['bãku de a'reja]
échouer sur un bas-fond	encalhar (vt)	[ẽka'ʎar]

tempête (f)	tempestade (f)	[tẽpes'tadʒi]
signal (m)	sinal (m)	[si'naw]
sombrer (vi)	afundar-se (vr)	[afũ'darse]
Un homme à la mer!	Homem ao mar!	['ɔmẽ aw mah]
SOS (m)	SOS	[ɛseo'ɛsi]
bouée (f) de sauvetage	boia (f) salva-vidas	['bɔja 'sawva 'vidas]

108. L'aéroport

aéroport (m)	aeroporto (m)	[aero'portu]
avion (m)	avião (m)	[a'vjãw]
compagnie (f) aérienne	companhia (f) aérea	[kõpa'nia a'erja]
contrôleur (m) aérien	controlador (m) de tráfego aéreo	[kõtrola'dor de 'trafegu a'erju]

départ (m)	partida (f)	[par'tʃida]
arrivée (f)	chegada (f)	[ʃe'gada]
arriver (par avion)	chegar (vi)	[ʃe'gar]

temps (m) de départ	hora (f) de partida	['ɔra de par'tʃida]
temps (m) d'arrivée	hora (f) de chegada	['ɔra de ʃe'gada]

être retardé	estar atrasado	[is'tar atra'zadu]
retard (m) de l'avion	atraso (m) de voo	[a'trazu de 'vou]

tableau (m) d'informations	painel (m) de informação	[paj'nɛw de ĩforma'sãw]
information (f)	informação (f)	[ĩforma'sãw]
annoncer (vt)	anunciar (vt)	[anũ'sjar]

vol (m)	voo (m)	['vou]
douane (f)	alfândega (f)	[aw'fãdʒiga]
douanier (m)	funcionário (m) da alfândega	[fũsjo'narju da aw'fãdʒiga]
déclaration (f) de douane	declaração (f) alfandegária	[deklara'sãw awfãde'garja]
remplir (vt)	preencher (vt)	[preë'ʃer]
remplir la déclaration	preencher a declaração	[preë'ʃer a deklara'sãw]
contrôle (m) de passeport	controle (m) de passaporte	[kõ'troli de pasa'portʃi]
bagage (m)	bagagem (f)	[ba'gaʒẽ]
bagage (m) à main	bagagem (f) de mão	[ba'gaʒẽ de 'mãw]
chariot (m)	carrinho (m)	[ka'hiɲu]
atterrissage (m)	pouso (m)	['pozu]
piste (f) d'atterrissage	pista (f) de pouso	['pista de 'pozu]
atterrir (vi)	aterrissar (vi)	[atehi'sar]
escalier (m) d'avion	escada (f) de avião	[is'kada de a'vjãw]
enregistrement (m)	check-in (m)	[ʃɛ'kin]
comptoir (m) d'enregistrement	balcão (m) do check-in	[baw'kãw du ʃɛ'kin]
s'enregistrer (vp)	fazer o check-in	[fa'zer u ʃɛ'kin]
carte (f) d'embarquement	cartão (m) de embarque	[kar'tãw de ẽ'barki]
porte (f) d'embarquement	portão (m) de embarque	[por'tãw de ẽ'barki]
transit (m)	trânsito (m)	['trãzitu]
attendre (vt)	esperar (vt)	[ispe'rar]
salle (f) d'attente	sala (f) de espera	['sala de is'pɛra]
raccompagner (à l'aéroport, etc.)	despedir-se de ...	[dʒispe'dʒirsi de]
dire au revoir	despedir-se (vr)	[dʒispe'dʒirsi]

Les grands événements de la vie

109. Les fêtes et les événements

fête (f)	festa (f)	['fɛsta]
fête (f) nationale	feriado (m) nacional	[fe'rjadu nasjo'naw]
jour (m) férié	feriado (m)	[fe'rjadu]
fêter (vt)	festejar (vt)	[feste'ʒar]
événement (m) (~ du jour)	evento (m)	[e'vẽtu]
événement (m) (soirée, etc.)	evento (m)	[e'vẽtu]
banquet (m)	banquete (m)	[bã'ketʃi]
réception (f)	recepção (f)	[hesep'sãw]
festin (m)	festim (m)	[fes'tʃĩ]
anniversaire (m)	aniversário (m)	[aniver'sarju]
jubilé (m)	jubileu (m)	[ʒubi'lew]
célébrer (vt)	celebrar (vt)	[sele'brar]
Nouvel An (m)	Ano (m) Novo	['anu 'novu]
Bonne année!	Feliz Ano Novo!	[fe'liz 'anu 'novu]
Père Noël (m)	Papai Noel (m)	[pa'paj nɔ'ɛl]
Noël (m)	Natal (m)	[na'taw]
Joyeux Noël!	Feliz Natal!	[fe'liz na'taw]
arbre (m) de Noël	árvore (f) de Natal	['arvori de na'taw]
feux (m pl) d'artifice	fogos (m pl) de artifício	['fogus de artʃi'fisju]
mariage (m)	casamento (m)	[kaza'mẽtu]
fiancé (m)	noivo (m)	['nojvu]
fiancée (f)	noiva (f)	['nojva]
inviter (vt)	convidar (vt)	[kõvi'dar]
lettre (f) d'invitation	convite (m)	[kõ'vitʃi]
invité (m)	convidado (m)	[kõvi'dadu]
visiter (~ les amis)	visitar (vt)	[vizi'tar]
accueillir les invités	receber os convidados	[hese'ber us kõvi'dadus]
cadeau (m)	presente (m)	[pre'zẽtʃi]
offrir (un cadeau)	oferecer, dar (vt)	[ofere'ser], [dar]
recevoir des cadeaux	receber presentes	[hese'ber pre'zẽtʃis]
bouquet (m)	buquê (m) de flores	[bu'ke de 'floris]
félicitations (f pl)	felicitações (f pl)	[felisita'sõjs]
féliciter (vt)	felicitar (vt)	[felisi'tar]
carte (f) de veux	cartão (m) de parabéns	[kar'tãw de para'bẽjs]
envoyer une carte	enviar um cartão postal	[ẽ'vjar ũ kart'ãw pos'taw]
recevoir une carte	receber um cartão postal	[hese'ber ũ kart'ãw pos'taw]

toast (m)	brinde (m)	['brĩdʒi]
offrir (un verre, etc.)	oferecer (vt)	[ofere'ser]
champagne (m)	champanhe (m)	[ʃã'paɲi]
s'amuser (vp)	divertir-se (vr)	[dʒiver'tʃirsi]
gaieté (f)	diversão (f)	[dʒiver'sãw]
joie (f) (émotion)	alegria (f)	[ale'gria]
danse (f)	dança (f)	['dãsa]
danser (vi, vt)	dançar (vi)	[dã'sar]
valse (f)	valsa (f)	['vawsa]
tango (m)	tango (m)	['tãgu]

110. L'enterrement. Le deuil

cimetière (m)	cemitério (m)	[semi'tɛrju]
tombe (f)	sepultura (f), túmulo (m)	[sepuw'tura], ['tumulu]
croix (f)	cruz (f)	[kruz]
pierre (f) tombale	lápide (f)	['lapidʒi]
clôture (f)	cerca (f)	['serka]
chapelle (f)	capela (f)	[ka'pɛla]
mort (f)	morte (f)	['mɔrtʃi]
mourir (vi)	morrer (vi)	[mo'her]
défunt (m)	defunto (m)	[de'fũtu]
deuil (m)	luto (m)	['lutu]
enterrer (vt)	enterrar, sepultar (vt)	[ẽte'har], [sepuw'tar]
maison (f) funéraire	casa (f) funerária	['kaza fune'raria]
enterrement (m)	funeral (m)	[fune'raw]
couronne (f)	coroa (f) de flores	[ko'roa de 'flɔris]
cercueil (m)	caixão (m)	[kaɪ'ʃãw]
corbillard (m)	carro (m) funerário	['kaho fune'rarju]
linceul (m)	mortalha (f)	[mor'taʎa]
cortège (m) funèbre	procissão (f) funerária	[prosi'sãw fune'rarja]
urne (f) funéraire	urna (f) funerária	['urna fune'rarja]
crématoire (m)	crematório (m)	[krema'tɔrju]
nécrologue (m)	obituário (m), necrologia (f)	[obi'twarju], [nekrolo'ʒia]
pleurer (vi)	chorar (vi)	[ʃo'rar]
sangloter (vi)	soluçar (vi)	[solu'sar]

111. La guerre. Les soldats

section (f)	pelotão (m)	[pelo'tãw]
compagnie (f)	companhia (f)	[kõpa'ɲia]
régiment (m)	regimento (m)	[heʒi'mẽtu]
armée (f)	exército (m)	[e'zɛrsitu]
division (f)	divisão (f)	[dʒivi'zãw]

détachement (m)	esquadrão (m)	[iskwa'drãw]
armée (f) (Moyen Âge)	hoste (f)	['ɔste]
soldat (m) (un militaire)	soldado (m)	[sow'dadu]
officier (m)	oficial (m)	[ofi'sjaw]
soldat (m) (grade)	soldado (m) raso	[sow'dadu 'hazu]
sergent (m)	sargento (m)	[sar'ʒẽtu]
lieutenant (m)	tenente (m)	[te'nẽtʃi]
capitaine (m)	capitão (m)	[kapi'tãw]
commandant (m)	major (m)	[ma'ʒɔr]
colonel (m)	coronel (m)	[koro'nɛw]
général (m)	general (m)	[ʒene'raw]
marin (m)	marujo (m)	[ma'ruʒu]
capitaine (m)	capitão (m)	[kapi'tãw]
maître (m) d'équipage	contramestre (m)	[kõtra'mɛstri]
artilleur (m)	artilheiro (m)	[artʃi'ʎejru]
parachutiste (m)	soldado (m) paraquedista	[sow'dadu parake'dʒista]
pilote (m)	piloto (m)	[pi'lotu]
navigateur (m)	navegador (m)	[navega'dor]
mécanicien (m)	mecânico (m)	[me'kaniku]
démineur (m)	sapador-mineiro (m)	[sapa'dor-mi'nejru]
parachutiste (m)	paraquedista (m)	[parake'dʒista]
éclaireur (m)	explorador (m)	[isplora'dor]
tireur (m) d'élite	atirador (m) de tocaia	[atʃira'dor de to'kaja]
patrouille (f)	patrulha (f)	[pa'truʎa]
patrouiller (vi)	patrulhar (vt)	[patru'ʎar]
sentinelle (f)	sentinela (f)	[sẽtʃi'nɛla]
guerrier (m)	guerreiro (m)	[ge'hejru]
patriote (m)	patriota (m)	[pa'trjɔta]
héros (m)	herói (m)	[e'rɔj]
héroïne (f)	heroína (f)	[ero'ina]
traître (m)	traidor (m)	[traj'dor]
trahir (vt)	trair (vt)	[tra'ir]
déserteur (m)	desertor (m)	[dezer'tor]
déserter (vt)	desertar (vt)	[deser'tar]
mercenaire (m)	mercenário (m)	[merse'narju]
recrue (f)	recruta (m)	[he'kruta]
volontaire (m)	voluntário (m)	[volũ'tarju]
mort (m)	morto (m)	['mortu]
blessé (m)	ferido (m)	[fe'ridu]
prisonnier (m) de guerre	prisioneiro (m) de guerra	[prizjo'nejru de 'gɛha]

112. La guerre. Partie 1

guerre (f)	guerra (f)	['gɛha]
faire la guerre	guerrear (vt)	[ge'hjar]

guerre (f) civile	guerra (f) civil	['gɛha si'viw]
perfidement (adv)	perfidamente	[perfida'mẽtʃi]
déclaration (f) de guerre	declaração (f) de guerra	[deklara'sãw de 'gɛha]
déclarer (la guerre)	declarar guerra	[dekla'rar 'gɛha]
agression (f)	agressão (f)	[agre'sãw]
attaquer (~ un pays)	atacar (vt)	[ata'kar]

envahir (vt)	invadir (vt)	[ĩva'dʒir]
envahisseur (m)	invasor (m)	[ĩva'zor]
conquérant (m)	conquistador (m)	[kõkista'dor]

défense (f)	defesa (f)	[de'feza]
défendre (vt)	defender (vt)	[defẽ'der]
se défendre (vp)	defender-se (vr)	[defẽ'dersi]

ennemi (m)	inimigo (m)	[ini'migu]
adversaire (m)	adversário (m)	[adʒiver'sarju]
ennemi (adj) (territoire ~)	inimigo	[ini'migu]

| stratégie (f) | estratégia (f) | [istra'tɛʒa] |
| tactique (f) | tática (f) | ['tatʃika] |

ordre (m)	ordem (f)	['ordẽ]
commande (f)	comando (m)	[ko'mãdu]
ordonner (vt)	ordenar (vt)	[orde'nar]
mission (f)	missão (f)	[mi'sãw]
secret (adj)	secreto	[se'krɛtu]

| bataille (f) | batalha (f) | [ba'taʎa] |
| combat (m) | combate (m) | [kõ'batʃi] |

attaque (f)	ataque (m)	[a'taki]
assaut (m)	assalto (m)	[a'sawtu]
prendre d'assaut	assaltar (vt)	[asaw'tar]
siège (m)	assédio, sítio (m)	[a'sɛdʒu], ['sitʃju]

| offensive (f) | ofensiva (f) | [ɔfẽ'siva] |
| passer à l'offensive | tomar à ofensiva | [to'mar a ofẽ'siva] |

| retraite (f) | retirada (f) | [hetʃi'rada] |
| faire retraite | retirar-se (vr) | [hetʃi'rarse] |

| encerclement (m) | cerco (m) | ['serku] |
| encercler (vt) | cercar (vt) | [ser'kar] |

bombardement (m)	bombardeio (m)	[bõbar'deju]
lancer une bombe	lançar uma bomba	[lã'sar 'uma 'bõba]
bombarder (vt)	bombardear (vt)	[bõbar'dʒjar]
explosion (f)	explosão (f)	[isplo'zãw]

coup (m) de feu	tiro (m)	['tʃiru]
tirer un coup de feu	dar um tiro	[dar ũ 'tʃiru]
fusillade (f)	tiroteio (m)	[tʃiro'teju]

| viser ... (cible) | apontar para ... | [apõ'tar 'para] |
| pointer (sur ...) | apontar (vt) | [apõ'tar] |

atteindre (cible)	acertar (vt)	[aser'tar]
faire sombrer	afundar (vt)	[afũ'dar]
trou (m) (dans un bateau)	brecha (f)	['brɛʃa]
sombrer (navire)	afundar-se (vr)	[afũ'darse]
front (m)	frente (m)	['frẽtʃi]
évacuation (f)	evacuação (f)	[evakwa'sãw]
évacuer (vt)	evacuar (vt)	[eva'kwar]
tranchée (f)	trincheira (f)	[trĩ'ʃejra]
barbelés (m pl)	arame (m) enfarpado	[a'rami ẽfar'padu]
barrage (m) (~ antichar)	barreira (f) anti-tanque	[ba'hejra ãtʃi-'tãki]
tour (f) de guet	torre (f) de vigia	['tohi de vi'ʒia]
hôpital (m)	hospital (m) militar	[ospi'taw mili'tar]
blesser (vt)	ferir (vt)	[fe'rir]
blessure (f)	ferida (f)	[fe'rida]
blessé (m)	ferido (m)	[fe'ridu]
être blessé	ficar ferido	[fi'kar fe'ridu]
grave (blessure)	grave	['gravi]

113. La guerre. Partie 2

captivité (f)	cativeiro (m)	[katʃi'vejru]
captiver (vt)	capturar (vt)	[kaptu'rar]
être prisonnier	estar em cativeiro	[is'tar ẽ katʃi'vejru]
être fait prisonnier	ser aprisionado	[ser aprizjo'nadu]
camp (m) de concentration	campo (m) de concentração	['kãpu de kõsẽtra'sãw]
prisonnier (m) de guerre	prisioneiro (m) de guerra	[prizjo'nejru de 'gɛha]
s'enfuir (vp)	escapar (vi)	[iska'par]
trahir (vt)	trair (vt)	[tra'ir]
traître (m)	traidor (m)	[traj'dor]
trahison (f)	traição (f)	[traj'sãw]
fusiller (vt)	fuzilar, executar (vt)	[fuzi'lar], [ezeku'tar]
fusillade (f) (exécution)	fuzilamento (m)	[fuzila'mẽtu]
équipement (m) (uniforme, etc.)	equipamento (m)	[ekipa'mẽtu]
épaulette (f)	insígnia (f) de ombro	[ĩ'signia de 'õbru]
masque (m) à gaz	máscara (f) de gás	['maskara de gajs]
émetteur (m) radio	rádio (m)	['hadʒju]
chiffre (m) (code)	cifra (f), código (m)	['sifra], ['kɔdʒigu]
conspiration (f)	conspiração (f)	[kõspira'sãw]
mot (m) de passe	senha (f)	['sɛɲa]
mine (f) terrestre	mina (f)	['mina]
miner (poser des mines)	minar (vt)	[mi'nar]
champ (m) de mines	campo (m) minado	['kãpu mi'nadu]
alerte (f) aérienne	alarme (m) aéreo	[a'larmi a'erju]
signal (m) d'alarme	alarme (m)	[a'larmi]

| signal (m) | sinal (m) | [si'naw] |
| fusée signal (f) | sinalizador (m) | [sinaliza'dor] |

état-major (m)	quartel-general (m)	[kwar'tɛw ʒene'raw]
reconnaissance (f)	reconhecimento (m)	[hekoɲesi'mẽtu]
situation (f)	situação (f)	[sitwa'sãw]
rapport (m)	relatório (m)	[hela'tɔrju]
embuscade (f)	emboscada (f)	[ẽbos'kada]
renfort (m)	reforço (m)	[he'forsu]

cible (f)	alvo (m)	['awvu]
polygone (m)	campo (m) de tiro	['kãpu de 'tʃiru]
manœuvres (f pl)	manobras (f pl)	[ma'nɔbras]

panique (f)	pânico (m)	['paniku]
dévastation (f)	devastação (f)	[devasta'sãw]
destructions (f pl) (ruines)	ruínas (f pl)	['hwinas]
détruire (vt)	destruir (vt)	[dʒis'trwir]

survivre (vi)	sobreviver (vi)	[sobrivi'ver]
désarmer (vt)	desarmar (vt)	[dʒizar'mar]
manier (une arme)	manusear (vt)	[manu'zjar]

| Garde-à-vous! Fixe! | Sentido! | [sẽ'tʃidu] |
| Repos! | Descansar! | [dʒiskã'sar] |

exploit (m)	façanha (f)	[fa'saɲa]
serment (m)	juramento (m)	[ʒura'mẽtu]
jurer (de faire qch)	jurar (vi)	[ʒu'rar]

décoration (f)	condecoração (f)	[kõdekora'sãw]
décorer (de la médaille)	condecorar (vt)	[kõdeko'rar]
médaille (f)	medalha (f)	[me'daʎa]
ordre (m) (~ du Mérite)	ordem (f)	['ordẽ]

victoire (f)	vitória (f)	[vi'tɔrja]
défaite (f)	derrota (f)	[de'hɔta]
armistice (m)	armistício (m)	[armis'tʃisju]

drapeau (m)	bandeira (f)	[bã'dejra]
gloire (f)	glória (f)	['glɔrja]
défilé (m)	parada (f)	[pa'rada]
marcher (défiler)	marchar (vi)	[mar'ʃar]

114. Les armes

arme (f)	arma (f)	['arma]
armes (f pl) à feu	arma (f) de fogo	['arma de 'fogu]
armes (f pl) blanches	arma (f) branca	['arma 'brãka]

arme (f) chimique	arma (f) química	['arma 'kimika]
nucléaire (adj)	nuclear	[nu'kljar]
arme (f) nucléaire	arma (f) nuclear	['arma nu'kljar]
bombe (f)	bomba (f)	['bõba]

T&P Books. Vocabulaire Français-Portugais Brésilien pour l'autoformation - 5000 mots

bombe (f) atomique	bomba (f) atômica	['bõba a'tomika]
pistolet (m)	pistola (f)	[pis'tɔla]
fusil (m)	rifle (m)	['hifli]
mitraillette (f)	semi-automática (f)	[semi-awto'matʃika]
mitrailleuse (f)	metralhadora (f)	[metraʎa'dora]
bouche (f)	boca (f)	['boka]
canon (m)	cano (m)	['kanu]
calibre (m)	calibre (m)	[ka'libri]
gâchette (f)	gatilho (m)	[ga'tʃiʎu]
mire (f)	mira (f)	['mira]
magasin (m)	carregador (m)	[kahega'dor]
crosse (f)	coronha (f)	[ko'rɔɲa]
grenade (f) à main	granada (f) de mão	[gra'nada de mãw]
explosif (m)	explosivo (m)	[isplo'zivu]
balle (f)	bala (f)	['bala]
cartouche (f)	cartucho (m)	[kar'tuʃu]
charge (f)	carga (f)	['karga]
munitions (f pl)	munições (f pl)	[muni'sõjs]
bombardier (m)	bombardeiro (m)	[bõbar'dejru]
avion (m) de chasse	avião (m) de caça	[a'vjãw de 'kasa]
hélicoptère (m)	helicóptero (m)	[eli'kɔpteru]
pièce (f) de D.C.A.	canhão (m) antiaéreo	[ka'ɲãw ãtʃja'ɛrju]
char (m)	tanque (m)	['tãki]
canon (m) d'un char	canhão (m)	[ka'ɲãw]
artillerie (f)	artilharia (f)	[artʃiʎa'ria]
canon (m)	canhão (m)	[ka'ɲãw]
pointer (~ l'arme)	fazer a pontaria	[fa'zer a põta'ria]
obus (m)	projétil (m)	[pro'ʒɛtʃiw]
obus (m) de mortier	granada (f) de morteiro	[gra'nada de mor'tejru]
mortier (m)	morteiro (m)	[mor'tejru]
éclat (m) d'obus	estilhaço (m)	[istʃi'ʎasu]
sous-marin (m)	submarino (m)	[subma'rinu]
torpille (f)	torpedo (m)	[tor'pedu]
missile (m)	míssil (m)	['misiw]
charger (arme)	carregar (vt)	[kahe'gar]
tirer (vi)	disparar, atirar (vi)	[dʒispa'rar], [atʃi'rar]
viser ... (cible)	apontar para ...	[apõ'tar 'para]
baïonnette (f)	baioneta (f)	[bajo'neta]
épée (f)	espada (f)	[is'pada]
sabre (m)	sabre (m)	['sabri]
lance (f)	lança (f)	['lãsa]
arc (m)	arco (m)	['arku]
flèche (f)	flecha (f)	['flɛʃa]
mousquet (m)	mosquete (m)	[mos'ketʃi]
arbalète (f)	besta (f)	['besta]

115. Les hommes préhistoriques

primitif (adj)	primitivo	[primi'tʃivu]
préhistorique (adj)	pré-histórico	[prɛ-is'tɔriku]
ancien (adj)	antigo	[ã'tʃigu]
Âge (m) de pierre	Idade (f) da Pedra	[i'dadʒi da 'pɛdra]
Âge (m) de bronze	Idade (f) do Bronze	[i'dadʒi du 'brõzi]
période (f) glaciaire	Era (f) do Gelo	['ɛra du 'ʒelu]
tribu (f)	tribo (f)	['tribu]
cannibale (m)	canibal (m)	[kani'baw]
chasseur (m)	caçador (m)	[kasa'dor]
chasser (vi, vt)	caçar (vi)	[ka'sar]
mammouth (m)	mamute (m)	[ma'mutʃi]
caverne (f)	caverna (f)	[ka'vɛrna]
feu (m)	fogo (m)	['fogu]
feu (m) de bois	fogueira (f)	[fo'gejra]
dessin (m) rupestre	pintura (f) rupestre	[pĩ'tura hu'pɛstri]
outil (m)	ferramenta (f)	[feha'mẽta]
lance (f)	lança (f)	['lãsa]
hache (f) en pierre	machado (m) de pedra	[ma'ʃadu de 'pɛdra]
faire la guerre	guerrear (vt)	[ge'hjar]
domestiquer (vt)	domesticar (vt)	[domestʃi'kar]
idole (f)	ídolo (m)	['idolu]
adorer, vénérer (vt)	adorar, venerar (vt)	[ado'rar], [vene'rar]
superstition (f)	superstição (f)	[superstʃi'sãw]
rite (m)	ritual (m)	[hi'twaw]
évolution (f)	evolução (f)	[evolu'sãw]
développement (m)	desenvolvimento (m)	[dʒizẽvowvi'mẽtu]
disparition (f)	extinção (f)	[istʃĩ'sãw]
s'adapter (vp)	adaptar-se (vr)	[adap'tarse]
archéologie (f)	arqueologia (f)	[arkjolo'ʒia]
archéologue (m)	arqueólogo (m)	[ar'kjɔlogu]
archéologique (adj)	arqueológico	[arkjo'lɔʒiku]
site (m) d'excavation	escavação (f)	[iskava'sãw]
fouilles (f pl)	escavações (f pl)	[iskava'sõjs]
trouvaille (f)	achado (m)	[a'ʃadu]
fragment (m)	fragmento (m)	[frag'mẽtu]

116. Le Moyen Âge

peuple (m)	povo (m)	['povu]
peuples (m pl)	povos (m pl)	['pɔvus]
tribu (f)	tribo (f)	['tribu]
tribus (f pl)	tribos (f pl)	['tribus]
Barbares (m pl)	bárbaros (pl)	['barbarus]

Gaulois (m pl)	gauleses (pl)	[gaw'lezes]
Goths (m pl)	godos (pl)	['godus]
Slaves (m pl)	eslavos (pl)	[iʃ'lavus]
Vikings (m pl)	viquingues (pl)	['vikĩgis]

| Romains (m pl) | romanos (pl) | [ho'manus] |
| romain (adj) | romano | [ho'manu] |

byzantins (m pl)	bizantinos (pl)	[bizã'tʃinus]
Byzance (f)	Bizâncio	[bi'zãsju]
byzantin (adj)	bizantino	[bizã'tʃinu]

empereur (m)	imperador (m)	[ĩpera'dor]
chef (m)	líder (m)	['lider]
puissant (adj)	poderoso	[pode'rozu]
roi (m)	rei (m)	[hej]
gouverneur (m)	governante (m)	[gover'nãtʃi]

chevalier (m)	cavaleiro (m)	[kava'lejru]
féodal (m)	senhor feudal (m)	[se'ɲor few'daw]
féodal (adj)	feudal	[few'daw]
vassal (m)	vassalo (m)	[va'salu]

duc (m)	duque (m)	['duki]
comte (m)	conde (m)	['kõdʒi]
baron (m)	barão (m)	[ba'rãw]
évêque (m)	bispo (m)	['bispu]

armure (f)	armadura (f)	[arma'dura]
bouclier (m)	escudo (m)	[is'kudu]
glaive (m)	espada (f)	[is'pada]
visière (f)	viseira (f)	[vi'zejra]
cotte (f) de mailles	cota (f) de malha	['kɔta de 'maʎa]

| croisade (f) | cruzada (f) | [kru'zada] |
| croisé (m) | cruzado (m) | [kru'zadu] |

territoire (m)	território (m)	[tehl'tɔrju]
attaquer (~ un pays)	atacar (vt)	[ata'kar]
conquérir (vt)	conquistar (vt)	[kõkis'tar]
occuper (envahir)	ocupar, invadir (vt)	[oku'parsi], [ĩva'dʒir]

siège (m)	assédio, sítio (m)	[a'sɛdʒu], ['sitʃu]
assiégé (adj)	sitiado	[si'tʃadu]
assiéger (vt)	assediar, sitiar (vt)	[ase'dʒjar], [si'tʃjar]

inquisition (f)	inquisição (f)	[ĩkizi'sãw]
inquisiteur (m)	inquisidor (m)	[ĩkizi'dor]
torture (f)	tortura (f)	[tor'tura]
cruel (adj)	cruel	[kru'ɛw]
hérétique (m)	herege (m)	[e'reʒi]
hérésie (f)	heresia (f)	[ere'zia]

navigation (f) en mer	navegação (f) marítima	[navega'sãw ma'ritʃima]
pirate (m)	pirata (m)	[pi'rata]
piraterie (f)	pirataria (f)	[pirata'ria]

abordage (m)	abordagem (f)	[abor'daʒẽ]
butin (m)	presa (f), butim (m)	['preza], [bu'tĩ]
trésor (m)	tesouros (m pl)	[te'zorus]
découverte (f)	descobrimento (m)	[dʒiskobri'mẽtu]
découvrir (vt)	descobrir (vt)	[dʒisko'brir]
expédition (f)	expedição (f)	[ispedʒi'sãw]
mousquetaire (m)	mosqueteiro (m)	[moske'tejru]
cardinal (m)	cardeal (m)	[kar'dʒjaw]
héraldique (f)	heráldica (f)	[e'rawdʒika]
héraldique (adj)	heráldico	[e'rawdʒiku]

117. Les dirigeants. Les responsables. Les autorités

roi (m)	rei (m)	[hej]
reine (f)	rainha (f)	[ha'iɲa]
royal (adj)	real	[he'aw]
royaume (m)	reino (m)	['hejnu]
prince (m)	príncipe (m)	['prĩsipi]
princesse (f)	princesa (f)	[prĩ'seza]
président (m)	presidente (m)	[prezi'dẽtʃi]
vice-président (m)	vice-presidente (m)	['visi-prezi'dẽtʃi]
sénateur (m)	senador (m)	[sena'dor]
monarque (m)	monarca (m)	[mo'narka]
gouverneur (m)	governante (m)	[gover'nãtʃi]
dictateur (m)	ditador (m)	[dʒita'dor]
tyran (m)	tirano (m)	[tʃi'ranu]
magnat (m)	magnata (m)	[mag'nata]
directeur (m)	diretor (m)	[dʒire'tor]
chef (m)	chefe (m)	['ʃɛfi]
gérant (m)	gerente (m)	[ʒe'rẽtʃi]
boss (m)	patrão (m)	[pa'trãw]
patron (m)	dono (m)	['donu]
chef (m) (~ d'une délégation)	chefe (m)	['ʃɛfi]
autorités (f pl)	autoridades (f pl)	[awtori'dadʒis]
supérieurs (m pl)	superiores (m pl)	[supe'rjores]
gouverneur (m)	governador (m)	[governa'dor]
consul (m)	cônsul (m)	['kõsuw]
diplomate (m)	diplomata (m)	[dʒiplo'mata]
maire (m)	Presidente (m) da Câmara	[prezi'dẽtʃi da 'kamara]
shérif (m)	xerife (m)	[ʃe'rifi]
empereur (m)	imperador (m)	[ĩpera'dor]
tsar (m)	czar (m)	['kzar]
pharaon (m)	faraó (m)	[fara'ɔ]
khan (m)	cã, khan (m)	[kã]

118. Les crimes. Les criminels. Partie 1

bandit (m)	bandido (m)	[bã'dʒidu]
crime (m)	crime (m)	['krimi]
criminel (m)	criminoso (m)	[krimi'nozu]
voleur (m)	ladrão (m)	[la'drãw]
voler (qch à qn)	roubar (vt)	[ho'bar]
vol (m) (activité)	furto (m)	['furtu]
vol (m) (~ à la tire)	furto (m)	['furtu]
kidnapper (vt)	raptar, sequestrar (vt)	[hap'tar], [sekwes'trar]
kidnapping (m)	sequestro (m)	[se'kwɛstru]
kidnappeur (m)	sequestrador (m)	[sekwestra'dor]
rançon (f)	resgate (m)	[hez'gatʃi]
exiger une rançon	pedir resgate	[pe'dʒir hez'gatʃi]
cambrioler (vt)	roubar (vt)	[ho'bar]
cambriolage (m)	assalto, roubo (m)	[a'sawtu], ['hobu]
cambrioleur (m)	assaltante (m)	[asaw'tãtʃi]
extorquer (vt)	extorquir (vt)	[istor'kir]
extorqueur (m)	extorsionário (m)	[istorsjo'narju]
extorsion (f)	extorsão (f)	[istor'sãw]
tuer (vt)	matar, assassinar (vt)	[ma'tar], [asasi'nar]
meurtre (m)	homicídio (m)	[omi'sidʒju]
meurtrier (m)	homicida, assassino (m)	[ɔmi'sida], [asa'sinu]
coup (m) de feu	tiro (m)	['tʃiru]
tirer un coup de feu	dar um tiro	[dar ũ 'tʃiru]
abattre (par balle)	matar a tiro	[ma'tar a 'tʃiru]
tirer (vi)	disparar, atirar (vi)	[dʒispa'rar], [atʃi'rar]
coups (m pl) de feu	tiroteio (m)	[tʃiro'teju]
incident (m)	incidente (m)	[ĩsi'dẽtʃi]
bagarre (f)	briga (f)	['briga]
Au secours!	Socorro!	[so'kohu]
victime (f)	vítima (f)	['vitʃima]
endommager (vt)	danificar (vt)	[danifi'kar]
dommage (m)	dano (m)	['danu]
cadavre (m)	cadáver (m)	[ka'daver]
grave (~ crime)	grave	['gravi]
attaquer (vt)	atacar (vt)	[ata'kar]
battre (frapper)	bater (vt)	[ba'ter]
passer à tabac	espancar (vt)	[ispã'kar]
prendre (voler)	tirar (vt)	[tʃi'rar]
poignarder (vt)	esfaquear (vt)	[isfaki'ar]
mutiler (vt)	mutilar (vt)	[mutʃi'lar]
blesser (vt)	ferir (vt)	[fe'rir]
chantage (m)	chantagem (f)	[ʃã'taʒẽ]
faire chanter	chantagear (vt)	[ʃãta'ʒjar]

maître (m) chanteur	chantagista (m)	[ʃãta'ʒista]
racket (m) de protection	extorsão (f)	[istor'sãw]
racketteur (m)	extorsionário (m)	[istorsjo'narju]
gangster (m)	gângster (m)	['gãŋster]
mafia (f)	máfia (f)	['mafja]
pickpocket (m)	punguista (m)	[pũ'gista]
cambrioleur (m)	assaltante, ladrão (m)	[asaw'tãtʃi], [la'drãw]
contrebande (f) (trafic)	contrabando (m)	[kõtra'bãdu]
contrebandier (m)	contrabandista (m)	[kõtrabã'dʒista]
contrefaçon (f)	falsificação (f)	[fawsifika'sãw]
falsifier (vt)	falsificar (vt)	[fawsifi'kar]
faux (falsifié)	falsificado	[fawsifi'kadu]

119. Les crimes. Les criminels. Partie 2

viol (m)	estupro (m)	[is'tupru]
violer (vt)	estuprar (vt)	[istu'prar]
violeur (m)	estuprador (m)	[istupra'dor]
maniaque (m)	maníaco (m)	[ma'niaku]
prostituée (f)	prostituta (f)	[prostʃi'tuta]
prostitution (f)	prostituição (f)	[prostʃitwi'sãw]
souteneur (m)	cafetão (m)	[kafe'tãw]
drogué (m)	drogado (m)	[dro'gadu]
trafiquant (m) de drogue	traficante (m)	[trafi'kãtʃi]
faire exploser	explodir (vt)	[isplo'dʒir]
explosion (f)	explosão (f)	[isplo'zãw]
mettre feu	incendiar (vt)	[ĩsẽ'dʒjar]
incendiaire (m)	incendiário (m)	[ĩsẽ'dʒjarju]
terrorisme (m)	terrorismo (m)	[teho'rizmu]
terroriste (m)	terrorista (m)	[teho'rista]
otage (m)	refém (m)	[he'fẽ]
escroquer (vt)	enganar (vt)	[ẽga'nar]
escroquerie (f)	engano (m)	[ẽ'gãnu]
escroc (m)	vigarista (m)	[viga'rista]
soudoyer (vt)	subornar (vt)	[subor'nar]
corruption (f)	suborno (m)	[su'bornu]
pot-de-vin (m)	suborno (m)	[su'bornu]
poison (m)	veneno (m)	[ve'nɛnu]
empoisonner (vt)	envenenar (vt)	[ẽvene'nar]
s'empoisonner (vp)	envenenar-se (vr)	[ẽvene'narsi]
suicide (m)	suicídio (m)	[swi'sidʒju]
suicidé (m)	suicida (m)	[swi'sida]
menacer (vt)	ameaçar (vt)	[amea'sar]
menace (f)	ameaça (f)	[ame'asa]

attenter (vt)   atentar contra a vida de ...   [atẽ'tar 'kõtra a 'vida de]
attentat (m)   atentado (m)   [atẽ'tadu]

voler (un auto)   roubar (vt)   [ho'bar]
détourner (un avion)   sequestrar (vt)   [sekwes'trar]

vengeance (f)   vingança (f)   [vĩ'gãsa]
se venger (vp)   vingar (vt)   [vĩ'gar]

torturer (vt)   torturar (vt)   [tortu'rar]
torture (f)   tortura (f)   [tor'tura]
tourmenter (vt)   atormentar (vt)   [atormẽ'tar]

pirate (m)   pirata (m)   [pi'rata]
voyou (m)   desordeiro (m)   [dʒizor'dejru]
armé (adj)   armado   [ar'madu]
violence (f)   violência (f)   [vjo'lẽsja]
illégal (adj)   ilegal   [ile'gaw]

espionnage (m)   espionagem (f)   [ispio'naʒẽ]
espionner (vt)   espionar (vi)   [ispjo'nar]

120. La police. La justice. Partie 1

justice (f)   justiça (f)   [ʒus'tʃisa]
tribunal (m)   tribunal (m)   [tribu'naw]

juge (m)   juiz (m)   [ʒwiz]
jury (m)   jurados (m pl)   [ʒu'radus]
cour (f) d'assises   tribunal (m) do júri   [tribu'naw du 'ʒuri]
juger (vt)   julgar (vt)   [ʒuw'gar]

avocat (m)   advogado (m)   [adʒivo'gadu]
accusé (m)   réu (m)   ['hɛw]
banc (m) des accusés   banco (m) dos réus   ['bãku dus hɛws]

inculpation (f)   acusação (f)   [akuza'sãw]
inculpé (m)   acusado (m)   [aku'zadu]

condamnation (f)   sentença (f)   [sẽ'tẽsa]
condamner (vt)   sentenciar (vt)   [sẽtẽ'sjar]

coupable (m)   culpado (m)   [kuw'padu]
punir (vt)   punir (vt)   [pu'nir]
punition (f)   punição (f)   [puni'sãw]

amende (f)   multa (f)   ['muwta]
détention (f) à vie   prisão (f) perpétua   [pri'zãw per'pɛtwa]
peine (f) de mort   pena (f) de morte   ['pena de 'mɔrtʃi]
chaise (f) électrique   cadeira (f) elétrica   [ka'dejra e'lɛtrika]
potence (f)   forca (f)   ['forka]

exécuter (vt)   executar (vt)   [ezeku'tar]
exécution (f)   execução (f)   [ezeku'sãw]

prison (f)	prisão (f)	[pri'zãw]
cellule (f)	cela (f) de prisão	['sɛla de pri'zãw]

escorte (f)	escolta (f)	[is'kɔwta]
gardien (m) de prison	guarda (m) prisional	['gwarda prizjo'naw]
prisonnier (m)	preso (m)	['prezu]

menottes (f pl)	algemas (f pl)	[aw'ʒɛmas]
mettre les menottes	algemar (vt)	[awʒe'mar]

évasion (f)	fuga, evasão (f)	['fuga], [eva'zãw]
s'évader (vp)	fugir (vi)	[fu'ʒir]
disparaître (vi)	desaparecer (vi)	[dʒizapare'ser]
libérer (vt)	soltar, libertar (vt)	[sow'tar], [liber'tar]
amnistie (f)	anistia (f)	[anis'tʃia]

police (f)	polícia (f)	[po'lisja]
policier (m)	polícia (m)	[po'lisja]
commissariat (m) de police	delegacia (f) de polícia	[delega'sia de po'lisja]
matraque (f)	cassetete (m)	[kase'tɛtʃi]
haut parleur (m)	megafone (m)	[mega'fɔni]

voiture (f) de patrouille	carro (m) de patrulha	['kaho de pa'truʎa]
sirène (f)	sirene (f)	[si'rɛni]
enclencher la sirène	ligar a sirene	[li'gar a si'rɛni]
hurlement (m) de la sirène	toque (m) da sirene	['tɔki da si'rɛni]

lieu (m) du crime	cena (f) do crime	['sɛna du 'krimi]
témoin (m)	testemunha (f)	[teste'muɲa]
liberté (f)	liberdade (f)	[liber'dadʒi]
complice (m)	cúmplice (m)	['kũplisi]
s'enfuir (vp)	escapar (vi)	[iska'par]
trace (f)	traço (m)	['trasu]

121. La police. La justice. Partie 2

recherche (f)	procura (f)	[pro'kura]
rechercher (vt)	procurar (vt)	[proku'rar]
suspicion (f)	suspeita (f)	[sus'pejta]
suspect (adj)	suspeito	[sus'pejtu]
arrêter (dans la rue)	parar (vt)	[pa'rar]
détenir (vt)	deter (vt)	[de'ter]

affaire (f) (~ pénale)	caso (m)	['kazu]
enquête (f)	investigação (f)	[ĩvestʃiga'sãw]
détective (m)	detetive (m)	[dete'tʃivi]
enquêteur (m)	investigador (m)	[ĩvestʃiga'dor]
hypothèse (f)	versão (f)	[ver'sãw]

motif (m)	motivo (m)	[mo'tʃivu]
interrogatoire (m)	interrogatório (m)	[ĩtehoga'tɔrju]
interroger (vt)	interrogar (vt)	[ĩteho'gar]
interroger (~ les voisins)	questionar (vt)	[kestʃjo'nar]
inspection (f)	verificação (f)	[verifika'sãw]

T&P Books. Vocabulaire Français-Portugais Brésilien pour l'autoformation - 5000 mots

rafle (f)	batida (f) policial	[ba'tʃida poli'sjaw]
perquisition (f)	busca (f)	['buska]
poursuite (f)	perseguição (f)	[persegi'sãw]
poursuivre (vt)	perseguir (vt)	[perse'gir]
dépister (vt)	seguir, rastrear (vt)	[se'gir], [has'trjar]

arrestation (f)	prisão (f)	[pri'zãw]
arrêter (vt)	prender (vt)	[prẽ'der]
attraper (~ un criminel)	pegar, capturar (vt)	[pe'gar], [kaptu'rar]
capture (f)	captura (f)	[kap'tura]

document (m)	documento (m)	[doku'mẽtu]
preuve (f)	prova (f)	['prɔva]
prouver (vt)	provar (vt)	[pro'var]
empreinte (f) de pied	pegada (f)	[pe'gada]
empreintes (f pl) digitales	impressões (f pl) digitais	[impre'sõjs dʒiʒi'tajs]
élément (m) de preuve	prova (f)	['prɔva]

alibi (m)	álibi (m)	['alibi]
innocent (non coupable)	inocente	[ino'sẽtʃi]
injustice (f)	injustiça (f)	[ĩʒus'tʃisa]
injuste (adj)	injusto	[ĩ'ʒustu]

criminel (adj)	criminal	[krimi'naw]
confisquer (vt)	confiscar (vt)	[kõfis'kar]
drogue (f)	droga (f)	['drɔga]
arme (f)	arma (f)	['arma]
désarmer (vt)	desarmar (vt)	[dʒizar'mar]
ordonner (vt)	ordenar (vt)	[orde'nar]
disparaître (vi)	desaparecer (vi)	[dʒizapare'ser]

loi (f)	lei (f)	[lej]
légal (adj)	legal	[le'gaw]
illégal (adj)	ilegal	[ile'gaw]

responsabilité (f)	responsabilidade (f)	[hespõsabili'dadʒi]
responsable (adj)	responsável	[hespõ'savew]

LA NATURE

La Terre. Partie 1

122. L'espace cosmique

cosmos (m)	espaço, cosmo (m)	[isˈpasu], [ˈkɔzmu]
cosmique (adj)	espacial, cósmico	[ispaˈsjaw], [ˈkɔzmiku]
espace (m) cosmique	espaço (m) cósmico	[isˈpasu ˈkɔzmiku]
monde (m)	mundo (m)	[ˈmũdu]
univers (m)	universo (m)	[uniˈvɛrsu]
galaxie (f)	galáxia (f)	[gaˈlaksja]
étoile (f)	estrela (f)	[isˈtrela]
constellation (f)	constelação (f)	[kõstelaˈsãw]
planète (f)	planeta (m)	[plaˈneta]
satellite (m)	satélite (m)	[saˈtɛlitʃi]
météorite (m)	meteorito (m)	[meteoˈritu]
comète (f)	cometa (m)	[koˈmeta]
astéroïde (m)	asteroide (m)	[asteˈrɔjdʒi]
orbite (f)	órbita (f)	[ˈɔrbita]
tourner (vi)	girar (vi)	[ʒiˈrar]
atmosphère (f)	atmosfera (f)	[atmosˈfɛra]
Soleil (m)	Sol (m)	[sɔw]
système (m) solaire	Sistema (m) Solar	[sisˈtɛma soˈlar]
éclipse (f) de soleil	eclipse (m) solar	[eˈklipsi soˈlar]
Terre (f)	Terra (f)	[ˈtɛha]
Lune (f)	Lua (f)	[ˈlua]
Mars (m)	Marte (m)	[ˈmartʃi]
Vénus (f)	Vênus (f)	[ˈvenus]
Jupiter (m)	Júpiter (m)	[ˈʒupiter]
Saturne (m)	Saturno (m)	[saˈturnu]
Mercure (m)	Mercúrio (m)	[merˈkurju]
Uranus (m)	Urano (m)	[uˈranu]
Neptune	Netuno (m)	[neˈtunu]
Pluton (m)	Plutão (m)	[pluˈtãw]
la Voie Lactée	Via Láctea (f)	[ˈvia ˈlaktja]
la Grande Ours	Ursa Maior (f)	[ursa maˈjɔr]
la Polaire	Estrela Polar (f)	[isˈtrela poˈlar]
martien (m)	marciano (m)	[marˈsjanu]
extraterrestre (m)	extraterrestre (m)	[estrateˈhɛstri]

alien (m)	alienígena (m)	[alje'niʒena]
soucoupe (f) volante	disco (m) voador	['dʒisku vwa'dor]

vaisseau (m) spatial	nave (f) espacial	['navi ispa'sjaw]
station (f) orbitale	estação (f) orbital	[eʃta'sãw orbi'taw]
lancement (m)	lançamento (m)	[lãsa'mẽtu]

moteur (m)	motor (m)	[mo'tor]
tuyère (f)	bocal (m)	[bo'kaw]
carburant (m)	combustível (m)	[kõbus'tʃivew]

cabine (f)	cabine (f)	[ka'bini]
antenne (f)	antena (f)	[ã'tɛna]
hublot (m)	vigia (f)	[vi'ʒia]
batterie (f) solaire	bateria (f) solar	[bate'ria so'lar]
scaphandre (m)	traje (m) espacial	['traʒi ispa'sjaw]

apesanteur (f)	imponderabilidade (f)	[ĩpõderabili'dadʒi]
oxygène (m)	oxigênio (m)	[oksi'ʒenju]

arrimage (m)	acoplagem (f)	[ako'plaʒẽ]
s'arrimer à ...	fazer uma acoplagem	[fa'zer 'uma ako'plaʒẽ]

observatoire (m)	observatório (m)	[observa'tɔrju]
télescope (m)	telescópio (m)	[tele'skɔpju]
observer (vt)	observar (vt)	[obser'var]
explorer (un cosmos)	explorar (vt)	[isplo'rar]

123. La Terre

Terre (f)	Terra (f)	['tɛha]
globe (m) terrestre	globo (m) terrestre	['globu te'hɛstri]
planète (f)	planeta (f)	[pla'neta]

atmosphère (f)	atmosfera (f)	[atmos'fɛra]
géographie (f)	geografia (f)	[ʒeogra'fia]
nature (f)	natureza (f)	[natu'reza]

globe (m) de table	globo (m)	['globu]
carte (f)	mapa (m)	['mapa]
atlas (m)	atlas (m)	['atlas]

Europe (f)	Europa (f)	[ew'rɔpa]
Asie (f)	Ásia (f)	['azja]

Afrique (f)	África (f)	['afrika]
Australie (f)	Austrália (f)	[aws'tralja]

Amérique (f)	América (f)	[a'mɛrika]
Amérique (f) du Nord	América (f) do Norte	[a'mɛrika du 'nɔrtʃi]
Amérique (f) du Sud	América (f) do Sul	[a'mɛrika du suw]

l'Antarctique (m)	Antártida (f)	[ã'tartʃida]
l'Arctique (m)	Ártico (m)	['artʃiku]

124. Les quatre parties du monde

nord (m)	norte (m)	['nɔrtʃi]
vers le nord	para norte	['para 'nɔrtʃi]
au nord	no norte	[nu 'nɔrtʃi]
du nord (adj)	do norte	[du 'nɔrtʃi]
sud (m)	sul (m)	[suw]
vers le sud	para sul	['para suw]
au sud	no sul	[nu suw]
du sud (adj)	do sul	[du suw]
ouest (m)	oeste, ocidente (m)	['wɛstʃi], [osi'dẽtʃi]
vers l'occident	para oeste	['para 'wɛstʃi]
à l'occident	no oeste	[nu 'wɛstʃi]
occidental (adj)	ocidental	[osidẽ'taw]
est (m)	leste, oriente (m)	['lɛstʃi], [o'rjẽtʃi]
vers l'orient	para leste	['para 'lɛstʃi]
à l'orient	no leste	[nu 'lɛstʃi]
oriental (adj)	oriental	[orjẽ'taw]

125. Les océans et les mers

mer (f)	mar (m)	[mah]
océan (m)	oceano (m)	[o'sjanu]
golfe (m)	golfo (m)	['gowfu]
détroit (m)	estreito (m)	[is'trejtu]
terre (f) ferme	terra (f) firme	['tɛha 'firmi]
continent (m)	continente (m)	[kõtʃi'nẽtʃi]
île (f)	ilha (f)	['iʎa]
presqu'île (f)	península (f)	[pe'nĩsula]
archipel (m)	arquipélago (m)	[arki'pɛlagu]
baie (f)	baía (f)	[ba'ia]
port (m)	porto (m)	['portu]
lagune (f)	lagoa (f)	[la'goa]
cap (m)	cabo (m)	['kabu]
atoll (m)	atol (m)	[a'tɔw]
récif (m)	recife (m)	[he'sifi]
corail (m)	coral (m)	[ko'raw]
récif (m) de corail	recife (m) de coral	[he'sifi de ko'raw]
profond (adj)	profundo	[pro'fũdu]
profondeur (f)	profundidade (f)	[profũdʒi'dadʒi]
abîme (m)	abismo (m)	[a'bizmu]
fosse (f) océanique	fossa (f) oceânica	['fɔsa o'sjanika]
courant (m)	corrente (f)	[ko'hẽtʃi]
baigner (vt) (mer)	banhar (vt)	[ba'ɲar]
littoral (m)	litoral (m)	[lito'raw]

côte (f)	costa (f)	['kɔsta]
marée (f) haute	maré (f) alta	[ma'rɛ 'awta]
marée (f) basse	refluxo (m)	[he'fluksu]
banc (m) de sable	restinga (f)	[hes'tʃĩga]
fond (m)	fundo (m)	['fũdu]
vague (f)	onda (f)	['õda]
crête (f) de la vague	crista (f) da onda	['krista da 'õda]
mousse (f)	espuma (f)	[is'puma]
tempête (f) en mer	tempestade (f)	[tẽpes'tadʒi]
ouragan (m)	furacão (m)	[fura'kãw]
tsunami (m)	tsunami (m)	[tsu'nami]
calme (m)	calmaria (f)	[kawma'ria]
calme (tranquille)	calmo	['kawmu]
pôle (m)	polo (m)	['pɔlu]
polaire (adj)	polar	[po'lar]
latitude (f)	latitude (f)	[latʃi'tudʒi]
longitude (f)	longitude (f)	[lõʒi'tudʒi]
parallèle (f)	paralela (f)	[para'lɛla]
équateur (m)	equador (m)	[ekwa'dor]
ciel (m)	céu (m)	[sɛw]
horizon (m)	horizonte (m)	[ori'zõtʃi]
air (m)	ar (m)	[ar]
phare (m)	farol (m)	[fa'rɔw]
plonger (vi)	mergulhar (vi)	[mergu'ʎar]
sombrer (vi)	afundar-se (vr)	[afũ'darse]
trésor (m)	tesouros (m pl)	[te'zorus]

126. Les noms des mers et des océans

océan (m) Atlantique	Oceano (m) Atlântico	[o'sjanu at'lãtʃiku]
océan (m) Indien	Oceano (m) Índico	[o'sjanu 'ĩdiku]
océan (m) Pacifique	Oceano (m) Pacífico	[o'sjanu pa'sifiku]
océan (m) Glacial	Oceano (m) Ártico	[o'sjanu 'artʃiku]
mer (f) Noire	Mar (m) Negro	[mah 'negru]
mer (f) Rouge	Mar (m) Vermelho	[mah ver'meʎu]
mer (f) Jaune	Mar (m) Amarelo	[mah ama'rɛlu]
mer (f) Blanche	Mar (m) Branco	[mah 'brãku]
mer (f) Caspienne	Mar (m) Cáspio	[mah 'kaspju]
mer (f) Morte	Mar (m) Morto	[mah 'mortu]
mer (f) Méditerranée	Mar (m) Mediterrâneo	[mah medʒite'hanju]
mer (f) Égée	Mar (m) Egeu	[mah e'ʒew]
mer (f) Adriatique	Mar (m) Adriático	[mah a'drjatʃiku]
mer (f) Arabique	Mar (m) Arábico	[mah a'rabiku]
mer (f) du Japon	Mar (m) do Japão	[mah du ʒa'pãw]

mer (f) de Béring	Mar (m) de Bering	[mah de beˈrĩgi]
mer (f) de Chine Méridionale	Mar (m) da China Meridional	[mah da ˈʃina meridʒjoˈnaw]
mer (f) de Corail	Mar (m) de Coral	[mah de koˈraw]
mer (f) de Tasman	Mar (m) de Tasman	[mah de tazman]
mer (f) Caraïbe	Mar (m) do Caribe	[mah du kaˈribi]
mer (f) de Barents	Mar (m) de Barents	[mah de barẽts]
mer (f) de Kara	Mar (m) de Kara	[mah de ˈkara]
mer (f) du Nord	Mar (m) do Norte	[mah du ˈnɔrtʃi]
mer (f) Baltique	Mar (m) Báltico	[mah ˈbawtʃiku]
mer (f) de Norvège	Mar (m) da Noruega	[mah da norˈwɛga]

127. Les montagnes

montagne (f)	montanha (f)	[mõˈtaɲa]
chaîne (f) de montagnes	cordilheira (f)	[kordʒiˈʎejra]
crête (f)	serra (f)	[ˈsɛha]
sommet (m)	cume (m)	[ˈkumi]
pic (m)	pico (m)	[ˈpiku]
pied (m)	pé (m)	[pɛ]
pente (f)	declive (m)	[deˈklivi]
volcan (m)	vulcão (m)	[vuwˈkãw]
volcan (m) actif	vulcão (m) ativo	[vuwˈkãw aˈtʃivu]
volcan (m) éteint	vulcão (m) extinto	[vuwˈkãw isˈtʃĩtu]
éruption (f)	erupção (f)	[erupˈsãw]
cratère (m)	cratera (f)	[kraˈtɛra]
magma (m)	magma (m)	[ˈmagma]
lave (f)	lava (f)	[ˈlava]
en fusion (lave ~)	fundido	[fũˈdʒidu]
canyon (m)	cânion, desfiladeiro (m)	[ˈkanjon], [dʒisfilaˈdejru]
défilé (m) (gorge)	garganta (f)	[garˈgãta]
crevasse (f)	fenda (f)	[ˈfẽda]
précipice (m)	precipício (m)	[presiˈpisju]
col (m) de montagne	passo, colo (m)	[ˈpasu], [ˈkɔlu]
plateau (m)	planalto (m)	[plaˈnawtu]
rocher (m)	falésia (f)	[faˈlɛzja]
colline (f)	colina (f)	[koˈlina]
glacier (m)	geleira (f)	[ʒeˈlejra]
chute (f) d'eau	cachoeira (f)	[kaʃˈwejra]
geyser (m)	gêiser (m)	[ˈʒejzer]
lac (m)	lago (m)	[ˈlagu]
plaine (f)	planície (f)	[plaˈnisi]
paysage (m)	paisagem (f)	[pajˈzaʒẽ]
écho (m)	eco (m)	[ˈɛku]
alpiniste (m)	alpinista (m)	[awpiˈnista]

varappeur (m)	escalador (m)	[iskala'dor]
conquérir (vt)	conquistar (vt)	[kõkis'tar]
ascension (f)	subida, escalada (f)	[su'bida], [iska'lada]

128. Les noms des chaînes de montagne

Alpes (f pl)	Alpes (m pl)	['awpis]
Mont Blanc (m)	Monte Branco (m)	['mõtʃi 'brãku]
Pyrénées (f pl)	Pirineus (m pl)	[piri'news]
Carpates (f pl)	Cárpatos (m pl)	['karpatus]
Monts Oural (m pl)	Urais (m pl)	[u'rajs]
Caucase (m)	Cáucaso (m)	['kawkazu]
Elbrous (m)	Elbrus (m)	[el'brus]
Altaï (m)	Altai (m)	[al'taj]
Tian Chan (m)	Tian Shan (m)	[tjan ʃan]
Pamir (m)	Pamir (m)	[pa'mir]
Himalaya (m)	Himalaia (m)	[ima'laja]
Everest (m)	monte Everest (m)	['mõtʃi eve'rest]
Andes (f pl)	Cordilheira (f) dos Andes	[korʤi'ʎejra dus 'ãʤis]
Kilimandjaro (m)	Kilimanjaro (m)	[kilimã'ʒaru]

129. Les fleuves

rivière (f), fleuve (m)	rio (m)	['hiu]
source (f)	fonte, nascente (f)	['fõtʃi], [na'sẽtʃi]
lit (m) (d'une rivière)	leito (m) de rio	['lejtu de 'hiu]
bassin (m)	bacia (f)	[ba'sia]
se jeter dans ...	desaguar no ...	[ʤiza'gwar nu]

| affluent (m) | afluente (m) | [a'flwẽtʃi] |
| rive (f) | margem (f) | ['marʒẽ] |

courant (m)	corrente (f)	[ko'hẽtʃi]
en aval	rio abaixo	['hiu a'baɪʃu]
en amont	rio acima	['hiu a'sima]

inondation (f)	inundação (f)	[ĩtrodu'sãw]
les grandes crues	cheia (f)	['ʃeja]
déborder (vt)	transbordar (vi)	[trãzbor'dar]
inonder (vt)	inundar (vt)	[inũ'dar]

| bas-fond (m) | banco (m) de areia | ['bãku de a'reja] |
| rapide (m) | corredeira (f) | [kohe'dejra] |

barrage (m)	barragem (f)	[ba'haʒẽ]
canal (m)	canal (m)	[ka'naw]
lac (m) de barrage	reservatório (m) de água	[hezerva'torju de 'agwa]
écluse (f)	eclusa (f)	[e'kluza]
plan (m) d'eau	corpo (m) de água	['korpu de 'agwa]

marais (m)	pântano (m)	['pãtanu]
fondrière (f)	lamaçal (m)	[lama'saw]
tourbillon (m)	rodamoinho (m)	[hodamo'iɲu]

ruisseau (m)	riacho (m)	['hjaʃu]
potable (adj)	potável	[po'tavew]
douce (l'eau ~)	doce	['dosi]

| glace (f) | gelo (m) | ['ʒelu] |
| être gelé | congelar-se (vr) | [kõʒe'larsi] |

130. Les noms des fleuves

| Seine (f) | rio Sena (m) | ['hiu 'sɛna] |
| Loire (f) | rio Loire (m) | ['hiu lu'ar] |

Tamise (f)	rio Tâmisa (m)	['hiu 'tamiza]
Rhin (m)	rio Reno (m)	['hiu 'henu]
Danube (m)	rio Danúbio (m)	['hiu da'nubju]

Volga (f)	rio Volga (m)	['hiu 'vɔlga]
Don (m)	rio Don (m)	['hiu dɔn]
Lena (f)	rio Lena (m)	['hiu 'lena]

Huang He (m)	rio Amarelo (m)	['hiu ama'rɛlu]
Yangzi Jiang (m)	rio Yangtzé (m)	['hiu jã'gtzɛ]
Mékong (m)	rio Mekong (m)	['hiu mi'kõg]
Gange (m)	rio Ganges (m)	['hiu 'gændʒi:z]

Nil (m)	rio Nilo (m)	['hiu 'nilu]
Congo (m)	rio Congo (m)	['hiu 'kõgu]
Okavango (m)	rio Cubango (m)	['hiu ku'bãgu]
Zambèze (m)	rio Zambeze (m)	['hiu zã'bezi]
Limpopo (m)	rio Limpopo (m)	['hiu lĩ'popu]
Mississippi (m)	rio Mississippi (m)	['hiu misi'sipi]

131. La forêt

| forêt (f) | floresta (f), bosque (m) | [flo'rɛsta], ['bɔski] |
| forestier (adj) | florestal | [flores'taw] |

fourré (m)	mata (f) fechada	['mata fe'ʃada]
bosquet (m)	arvoredo (m)	[arvo'redu]
clairière (f)	clareira (f)	[kla'rejra]

| broussailles (f pl) | matagal (m) | [mata'gaw] |
| taillis (m) | mato (m), caatinga (f) | ['matu], [ka'tʃĩga] |

sentier (m)	trilha, vereda (f)	['triʎa], [ve'reda]
ravin (m)	ravina (f)	[ha'vina]
arbre (m)	árvore (f)	['arvori]
feuille (f)	folha (f)	['foʎa]

feuillage (m)	folhagem (f)	[fo'ʎaʒẽ]
chute (f) de feuilles	queda (f) das folhas	['kɛda das 'foʎas]
tomber (feuilles)	cair (vi)	[ka'ir]
sommet (m)	topo (m)	['topu]
rameau (m)	ramo (m)	['hamu]
branche (f)	galho (m)	['gaʎu]
bourgeon (m)	botão (m)	[bo'tãw]
aiguille (f)	agulha (f)	[a'guʎa]
pomme (f) de pin	pinha (f)	['piɲa]
creux (m)	buraco (m) de árvore	[bu'raku de 'arvori]
nid (m)	ninho (m)	['niɲu]
terrier (m) (~ d'un renard)	toca (f)	['tɔka]
tronc (m)	tronco (m)	['trõku]
racine (f)	raiz (f)	[ha'iz]
écorce (f)	casca (f) de árvore	['kaska de 'arvori]
mousse (f)	musgo (m)	['muzgu]
déraciner (vt)	arrancar pela raiz	[ahã'kar 'pɛla ha'iz]
abattre (un arbre)	cortar (vt)	[kor'tar]
déboiser (vt)	desflorestar (vt)	[dʒisflores'tar]
souche (f)	toco, cepo (m)	['toku], ['sepu]
feu (m) de bois	fogueira (f)	[fo'gejra]
incendie (m)	incêndio (m) florestal	[ĩ'sẽdʒju flores'taw]
éteindre (feu)	apagar (vt)	[apa'gar]
garde (m) forestier	guarda-parque (m)	['gwarda 'parki]
protection (f)	proteção (f)	[prote'sãw]
protéger (vt)	proteger (vt)	[prote'ʒer]
braconnier (m)	caçador (m) furtivo	[kasa'dor fur'tʃivu]
piège (m) à mâchoires	armadilha (f)	arma'dʒiʎa]
cueillir (vt)	colher (vt)	[ko'ʎer]
s'égarer (vp)	perder-se (vr)	[per'dersi]

132. Les ressources naturelles

ressources (f pl) naturelles	recursos (m pl) naturais	[he'kursus natu'rajs]
minéraux (m pl)	minerais (m pl)	[mine'rajs]
gisement (m)	depósitos (m pl)	[de'pɔzitus]
champ (m) (~ pétrolifère)	jazida (f)	[ʒa'zida]
extraire (vt)	extrair (vt)	[istra'jir]
extraction (f)	extração (f)	[istra'sãw]
minerai (m)	minério (m)	[mi'nɛrju]
mine (f) (site)	mina (f)	['mina]
puits (m) de mine	poço (m) de mina	['posu de 'mina]
mineur (m)	mineiro (m)	[mi'nejru]
gaz (m)	gás (m)	[gajs]
gazoduc (m)	gasoduto (m)	[gazo'dutu]

pétrole (m)	petróleo (m)	[pe'trɔlju]
pipeline (m)	oleoduto (m)	[oljo'dutu]
tour (f) de forage	poço (m) de petróleo	['posu de pe'trɔlju]
derrick (m)	torre (f) petrolífera	['tohi petro'lifera]
pétrolier (m)	petroleiro (m)	[petro'lejru]
sable (m)	areia (f)	[a'reja]
calcaire (m)	calcário (m)	[kaw'karju]
gravier (m)	cascalho (m)	[kas'kaʎu]
tourbe (f)	turfa (f)	['turfa]
argile (f)	argila (f)	[ar'ʒila]
charbon (m)	carvão (m)	[kar'vãw]
fer (m)	ferro (m)	['fɛhu]
or (m)	ouro (m)	['oru]
argent (m)	prata (f)	['prata]
nickel (m)	níquel (m)	['nikew]
cuivre (m)	cobre (m)	['kɔbri]
zinc (m)	zinco (m)	['zĩku]
manganèse (m)	manganês (m)	[mãga'nes]
mercure (m)	mercúrio (m)	[mer'kurju]
plomb (m)	chumbo (m)	['ʃũbu]
minéral (m)	mineral (m)	[mine'raw]
cristal (m)	cristal (m)	[kris'taw]
marbre (m)	mármore (m)	['marmori]
uranium (m)	urânio (m)	[u'ranju]

La Terre. Partie 2

133. Le temps

temps (m)	tempo (m)	['tẽpu]
météo (f)	previsão (f) do tempo	[previ'zãw du 'tẽpu]
température (f)	temperatura (f)	[tẽpera'tura]
thermomètre (m)	termômetro (m)	[ter'mometru]
baromètre (m)	barômetro (m)	[ba'romɛtru]
humide (adj)	úmido	['umidu]
humidité (f)	umidade (f)	[umi'dadʒi]
chaleur (f) (canicule)	calor (m)	[ka'lor]
torride (adj)	tórrido	['tɔhidu]
il fait très chaud	está muito calor	[is'ta 'mwĩtu ka'lor]
il fait chaud	está calor	[is'ta ka'lor]
chaud (modérément)	quente	['kẽtʃi]
il fait froid	está frio	[is'ta 'friu]
froid (adj)	frio	['friu]
soleil (m)	sol (m)	[sɔw]
briller (soleil)	brilhar (vi)	[bri'ʎar]
ensoleillé (jour ~)	de sol, ensolarado	[de sɔw], [ẽsola'radu]
se lever (vp)	nascer (vi)	[na'ser]
se coucher (vp)	pôr-se (vr)	['porsi]
nuage (m)	nuvem (f)	['nuvẽj]
nuageux (adj)	nublado	[nu'bladu]
nuée (f)	nuvem (f) preta	['nuvẽj 'preta]
sombre (adj)	escuro	[is'kuru]
pluie (f)	chuva (f)	['ʃuva]
il pleut	está a chover	[is'ta a ʃo'ver]
pluvieux (adj)	chuvoso	[ʃu'vozu]
bruiner (v imp)	chuviscar (vi)	[ʃuvis'kar]
pluie (f) torrentielle	chuva (f) torrencial	['ʃuva tohẽ'sjaw]
averse (f)	aguaceiro (m)	[agwa'sejru]
forte (la pluie ~)	forte	['fɔrtʃi]
flaque (f)	poça (f)	['posa]
se faire mouiller	molhar-se (vr)	[mo'ʎarsi]
brouillard (m)	nevoeiro (m)	[nevo'ejru]
brumeux (adj)	de nevoeiro	[de nevu'ejru]
neige (f)	neve (f)	['nɛvi]
il neige	está nevando	[is'ta ne'vãdu]

134. Les intempéries. Les catastrophes naturelles

orage (m)	trovoada (f)	[tro'vwada]
éclair (m)	relâmpago (m)	[he'lãpagu]
éclater (foudre)	relampejar (vi)	[helãpe'ʒar]
tonnerre (m)	trovão (m)	[tro'vãw]
gronder (tonnerre)	trovejar (vi)	[trove'ʒar]
le tonnerre gronde	está trovejando	[is'ta trove'ʒãdu]
grêle (f)	granizo (m)	[gra'nizu]
il grêle	está caindo granizo	[is'ta ka'ĩdu gra'nizu]
inonder (vt)	inundar (vt)	[inũ'dar]
inondation (f)	inundação (f)	[ĩtrodu'sãw]
tremblement (m) de terre	terremoto (m)	[tehe'mɔtu]
secousse (f)	abalo, tremor (m)	[a'balu], [tre'mor]
épicentre (m)	epicentro (m)	[epi'sẽtru]
éruption (f)	erupção (f)	[erup'sãw]
lave (f)	lava (f)	['lava]
tourbillon (m)	tornado (m)	[tor'nadu]
tornade (f)	tornado (m)	[tor'nadu]
typhon (m)	tufão (m)	[tu'fãw]
ouragan (m)	furacão (m)	[fura'kãw]
tempête (f)	tempestade (f)	[tẽpes'tadʒi]
tsunami (m)	tsunami (m)	[tsu'nami]
cyclone (m)	ciclone (m)	[si'klɔni]
intempéries (f pl)	mau tempo (m)	[maw 'tẽpu]
incendie (m)	incêndio (m)	[ĩ'sẽdʒju]
catastrophe (f)	catástrofe (f)	[ka'tastrofi]
météorite (m)	meteorito (m)	[meteo'ritu]
avalanche (f)	avalanche (f)	[ava'lãʃi]
éboulement (m)	deslizamento (m) de neve	[dʒizliza'mẽtu de 'nɛvi]
blizzard (m)	nevasca (f)	[ne'vaska]
tempête (f) de neige	tempestade (f) de neve	[tẽpes'tadʒi de 'nɛvi]

La faune

135. Les mammifères. Les prédateurs

prédateur (m)	predador (m)	[preda'dor]
tigre (m)	tigre (m)	['tʃigri]
lion (m)	leão (m)	[le'ãw]
loup (m)	lobo (m)	['lobu]
renard (m)	raposa (f)	[ha'pozu]
jaguar (m)	jaguar (m)	[ʒa'gwar]
léopard (m)	leopardo (m)	[ljo'pardu]
guépard (m)	chita (f)	['ʃita]
panthère (f)	pantera (f)	[pã'tɛra]
puma (m)	puma (m)	['puma]
léopard (m) de neiges	leopardo-das-neves (m)	[ljo'pardu das 'nɛvis]
lynx (m)	lince (m)	['lĩsi]
coyote (m)	coiote (m)	[ko'jɔtʃi]
chacal (m)	chacal (m)	[ʃa'kaw]
hyène (f)	hiena (f)	['jena]

136. Les animaux sauvages

animal (m)	animal (m)	[ani'maw]
bête (f)	besta (f)	['bɛsta]
écureuil (m)	esquilo (m)	[is'kilu]
hérisson (m)	ouriço (m)	[o'risu]
lièvre (m)	lebre (f)	['lɛbri]
lapin (m)	coelho (m)	[ko'eʎu]
blaireau (m)	texugo (m)	[te'ʃugu]
raton (m)	guaxinim (m)	[gwaʃi'nĩ]
hamster (m)	hamster (m)	['amster]
marmotte (f)	marmota (f)	[mah'mɔta]
taupe (f)	toupeira (f)	[to'pejra]
souris (f)	rato (m)	['hatu]
rat (m)	ratazana (f)	[hata'zana]
chauve-souris (f)	morcego (m)	[mor'segu]
hermine (f)	arminho (m)	[ar'miɲu]
zibeline (f)	zibelina (f)	[zibe'lina]
martre (f)	marta (f)	['mahta]
belette (f)	doninha (f)	[do'niɲa]
vison (m)	visom (m)	[vi'zõ]

castor (m)	castor (m)	[kas'tor]
loutre (f)	lontra (f)	['lõtra]

cheval (m)	cavalo (m)	[ka'valu]
élan (m)	alce (m)	['awsi]
cerf (m)	veado (m)	['vjadu]
chameau (m)	camelo (m)	[ka'melu]

bison (m)	bisão (m)	[bi'zãw]
aurochs (m)	auroque (m)	[aw'rɔki]
buffle (m)	búfalo (m)	['bufalu]

zèbre (m)	zebra (f)	['zebra]
antilope (f)	antílope (m)	[ã'tʃilopi]
chevreuil (m)	corça (f)	['korsa]
biche (f)	gamo (m)	['gamu]
chamois (m)	camurça (f)	[ka'mursa]
sanglier (m)	javali (m)	[ʒava'li]

baleine (f)	baleia (f)	[ba'leja]
phoque (m)	foca (f)	['fɔka]
morse (m)	morsa (f)	['mɔhsa]
ours (m) de mer	urso-marinho (m)	['ursu ma'riɲu]
dauphin (m)	golfinho (m)	[gow'fiɲu]

ours (m)	urso (m)	['ursu]
ours (m) blanc	urso (m) polar	['ursu po'lar]
panda (m)	panda (m)	['pãda]

singe (m)	macaco (m)	[ma'kaku]
chimpanzé (m)	chimpanzé (m)	[ʃĩpã'zɛ]
orang-outang (m)	orangotango (m)	[orãgu'tãgu]
gorille (m)	gorila (m)	[go'rila]
macaque (m)	macaco (m)	[ma'kaku]
gibbon (m)	gibão (m)	[ʒi'bãw]

éléphant (m)	elefante (m)	[ele'fãtʃi]
rhinocéros (m)	rinoceronte (m)	[hinose'rõtʃi]
girafe (f)	girafa (f)	[ʒi'rafa]
hippopotame (m)	hipopótamo (m)	[ipo'pɔtamu]

kangourou (m)	canguru (m)	[kãgu'ru]
koala (m)	coala (m)	['kwala]

mangouste (f)	mangusto (m)	[mã'gustu]
chinchilla (m)	chinchila (f)	[ʃĩ'ʃila]
mouffette (f)	cangambá (f)	[kã'gãba]
porc-épic (m)	porco-espinho (m)	['pɔrku is'piɲu]

137. Les animaux domestiques

chat (m) (femelle)	gata (f)	['gata]
chat (m) (mâle)	gato (m) macho	['gatu 'maʃu]
chien (m)	cão (m)	['kãw]

cheval (m)	cavalo (m)	['ka'valu]
étalon (m)	garanhão (m)	[gara'ɲãw]
jument (f)	égua (f)	['ɛgwa]
vache (f)	vaca (f)	['vaka]
taureau (m)	touro (m)	['toru]
bœuf (m)	boi (m)	[boj]
brebis (f)	ovelha (f)	[o'veʎa]
mouton (m)	carneiro (m)	[kar'nejru]
chèvre (f)	cabra (f)	['kabra]
bouc (m)	bode (m)	['bɔdʒi]
âne (m)	burro (m)	['buhu]
mulet (m)	mula (f)	['mula]
cochon (m)	porco (m)	['porku]
pourceau (m)	leitão (m)	[lej'tãw]
lapin (m)	coelho (m)	[ko'eʎu]
poule (f)	galinha (f)	[ga'liɲa]
coq (m)	galo (m)	['galu]
canard (m)	pata (f)	['pata]
canard (m) mâle	pato (m)	['patu]
oie (f)	ganso (m)	['gãsu]
dindon (m)	peru (m)	[pe'ru]
dinde (f)	perua (f)	[pe'rua]
animaux (m pl) domestiques	animais (m pl) domésticos	[ani'majs do'mɛstʃikus]
apprivoisé (adj)	domesticado	[domestʃi'kadu]
apprivoiser (vt)	domesticar (vt)	[domestʃi'kar]
élever (vt)	criar (vt)	[krjar]
ferme (f)	fazenda (f)	[fa'zẽda]
volaille (f)	aves (f pl) domésticas	['avis do'mɛstʃikas]
bétail (m)	gado (m)	['ɡadu]
troupeau (m)	rebanho (m), manada (f)	[he'baɲu], [ma'nada]
écurie (f)	estábulo (m)	[is'tabulu]
porcherie (f)	chiqueiro (m)	[ʃi'kejru]
vacherie (f)	estábulo (m)	[is'tabulu]
cabane (f) à lapins	coelheira (f)	[kue'ʎejra]
poulailler (m)	galinheiro (m)	[gali'ɲejru]

138. Les oiseaux

oiseau (m)	pássaro (m), ave (f)	['pasaru], ['avi]
pigeon (m)	pombo (m)	['põbu]
moineau (m)	pardal (m)	[par'daw]
mésange (f)	chapim-real (m)	[ʃa'pĩ-he'aw]
pie (f)	pega-rabuda (f)	['pega-ha'buda]
corbeau (m)	corvo (m)	['korvu]

corneille (f)	gralha-cinzenta (f)	['graʎa sĩ'zẽta]
choucas (m)	gralha-de-nuca-cinzenta (f)	['graʎa de 'nuka sĩ'zẽta]
freux (m)	gralha-calva (f)	['graʎa 'kawvu]
canard (m)	pato (m)	['patu]
oie (f)	ganso (m)	['gãsu]
faisan (m)	faisão (m)	[faj'zãw]
aigle (m)	águia (f)	['agja]
épervier (m)	açor (m)	[a'sor]
faucon (m)	falcão (m)	[faw'kãw]
vautour (m)	abutre (m)	[a'butri]
condor (m)	condor (m)	[kõ'dor]
cygne (m)	cisne (m)	['sizni]
grue (f)	grou (m)	[grow]
cigogne (f)	cegonha (f)	[se'goɲa]
perroquet (m)	papagaio (m)	[papa'gaju]
colibri (m)	beija-flor (m)	[bejʒa'flɔr]
paon (m)	pavão (m)	[pa'vãw]
autruche (f)	avestruz (m)	[aves'truz]
héron (m)	garça (f)	['garsa]
flamant (m)	flamingo (m)	[fla'mĩgu]
pélican (m)	pelicano (m)	[peli'kanu]
rossignol (m)	rouxinol (m)	[hoʃi'nɔw]
hirondelle (f)	andorinha (f)	[ãdo'riɲa]
merle (m)	tordo-zornal (m)	['tɔrdu-zor'nal]
grive (f)	tordo-músico (m)	['tɔrdu-'muziku]
merle (m) noir	melro-preto (m)	['mɛwhu 'pretu]
martinet (m)	andorinhão (m)	[ãdori'ɲãw]
alouette (f) des champs	laverca, cotovia (f)	[la'verka], [kutu'via]
caille (f)	codorna (f)	[ko'dɔrna]
pivert (m)	pica-pau (m)	['pika 'paw]
coucou (m)	cuco (m)	['kuku]
chouette (f)	coruja (f)	[ko'ruʒa]
hibou (m)	bufo-real (m)	['bufu-he'aw]
tétras (m)	tetraz-grande (m)	[tɛ'tras-'grãdʒi]
tétras-lyre (m)	tetraz-lira (m)	[tɛ'tras-'lira]
perdrix (f)	perdiz-cinzenta (f)	[per'dis sĩ'zẽta]
étourneau (m)	estorninho (m)	[istor'niɲu]
canari (m)	canário (m)	[ka'narju]
gélinotte (f) des bois	galinha-do-mato (f)	[ga'liɲa du 'matu]
pinson (m)	tentilhão (m)	[tẽtʃi'ʎãw]
bouvreuil (m)	dom-fafe (m)	[dõ'fafi]
mouette (f)	gaivota (f)	[gaj'vɔta]
albatros (m)	albatroz (m)	[alba'trɔs]
pingouin (m)	pinguim (m)	[pĩ'gwĩ]

139. Les poissons. Les animaux marins

brème (f)	brema (f)	['brema]
carpe (f)	carpa (f)	['karpa]
perche (f)	perca (f)	['pehka]
silure (m)	siluro (m)	[si'luru]
brochet (m)	lúcio (m)	['lusju]
saumon (m)	salmão (m)	[saw'mãw]
esturgeon (m)	esturjão (m)	[istur'ʒãw]
hareng (m)	arenque (m)	[a'rẽki]
saumon (m) atlantique	salmão (m) do Atlântico	[saw'mãw du at'lãtʃiku]
maquereau (m)	cavala, sarda (f)	[ka'vala], ['sarda]
flet (m)	solha (f), linguado (m)	['soʎa], [lĩ'gwadu]
sandre (f)	lúcio perca (m)	['lusju 'perka]
morue (f)	bacalhau (m)	[baka'ʎaw]
thon (m)	atum (m)	[a'tũ]
truite (f)	truta (f)	['truta]
anguille (f)	enguia (f)	[ẽ'gia]
torpille (f)	raia (f) elétrica	['haja e'lɛtrika]
murène (f)	moreia (f)	[mo'reja]
piranha (m)	piranha (f)	[pi'raɲa]
requin (m)	tubarão (m)	[tuba'rãw]
dauphin (m)	golfinho (m)	[gow'fiɲu]
baleine (f)	baleia (f)	[ba'leja]
crabe (m)	caranguejo (m)	[karã'geʒu]
méduse (f)	água-viva (f)	['agwa 'viva]
pieuvre (f), poulpe (m)	polvo (m)	['powvu]
étoile (f) de mer	estrela-do-mar (f)	[is'trela du 'mar]
oursin (m)	ouriço-do-mar (m)	[o'risu du 'mar]
hippocampe (m)	cavalo-marinho (m)	[ka'valu ma'riɲu]
huître (f)	ostra (f)	['ostra]
crevette (f)	camarão (m)	[kama'rãw]
homard (m)	lagosta (f)	[la'gosta]
langoustine (f)	lagosta (f)	[la'gosta]

140. Les amphibiens. Les reptiles

serpent (m)	cobra (f)	['kɔbra]
venimeux (adj)	venenoso	[vene'nozu]
vipère (f)	víbora (f)	['vibora]
cobra (m)	naja (f)	['naʒa]
python (m)	píton (m)	['pitɔn]
boa (m)	jiboia (f)	[ʒi'bɔja]
couleuvre (f)	cobra-de-água (f)	[kɔbra de 'agwa]

serpent (m) à sonnettes	cascavel (f)	[kaska'vɛw]
anaconda (m)	anaconda, sucuri (f)	[ana'kõda], [sukuri]
lézard (m)	lagarto (m)	[la'gartu]
iguane (m)	iguana (f)	[i'gwana]
varan (m)	varano (m)	[va'ranu]
salamandre (f)	salamandra (f)	[sala'mãdra]
caméléon (m)	camaleão (m)	[kamale'ãu]
scorpion (m)	escorpião (m)	[iskorpi'ãw]
tortue (f)	tartaruga (f)	[tarta'ruga]
grenouille (f)	rã (f)	[hã]
crapaud (m)	sapo (m)	['sapu]
crocodile (m)	crocodilo (m)	[kroko'dʒilu]

141. Les insectes

insecte (m)	inseto (m)	[ĩ'sɛtu]
papillon (m)	borboleta (f)	[borbo'leta]
fourmi (f)	formiga (f)	[for'miga]
mouche (f)	mosca (f)	['moska]
moustique (m)	mosquito (m)	[mos'kitu]
scarabée (m)	escaravelho (m)	[iskara'veʎu]
guêpe (f)	vespa (f)	['vespa]
abeille (f)	abelha (f)	[a'beʎa]
bourdon (m)	mamangaba (f)	[mamã'gaba]
œstre (m)	moscardo (m)	[mos'kardu]
araignée (f)	aranha (f)	[a'raɲa]
toile (f) d'araignée	teia (f) de aranha	['teja de a'raɲa]
libellule (f)	libélula (f)	[li'bɛlula]
sauterelle (f)	gafanhoto (m)	[gafa'ɲotu]
papillon (m)	traça (f)	['trasa]
cafard (m)	barata (f)	[ba'rata]
tique (f)	carrapato (m)	[kaha'patu]
puce (f)	pulga (f)	['puwga]
moucheron (m)	borrachudo (m)	[boha'ʃudu]
criquet (m)	gafanhoto-migratório (m)	[gafa'ɲotu-migra'tɔrju]
escargot (m)	caracol (m)	[kara'kɔw]
grillon (m)	grilo (m)	['grilu]
luciole (f)	pirilampo, vaga-lume (m)	[piri'lãpu], [vaga-'lumi]
coccinelle (f)	joaninha (f)	[ʒwa'niɲa]
hanneton (m)	besouro (m)	[be'zoru]
sangsue (f)	sanguessuga (f)	[sãgi'suga]
chenille (f)	lagarta (f)	[la'garta]
ver (m)	minhoca (f)	[mi'ɲɔka]
larve (f)	larva (f)	['larva]

La flore

142. Les arbres

arbre (m)	árvore (f)	['arvori]
à feuilles caduques	decídua	[de'sidwa]
conifère (adj)	conífera	[ko'nifera]
à feuilles persistantes	perene	[pe'rɛni]
pommier (m)	macieira (f)	[ma'sjejra]
poirier (m)	pereira (f)	[pe'rejra]
merisier (m)	cerejeira (f)	[sere'ʒejra]
cerisier (m)	ginjeira (f)	[ʒĩ'ʒejra]
prunier (m)	ameixeira (f)	[amej'ʃejra]
bouleau (m)	bétula (f)	['bɛtula]
chêne (m)	carvalho (m)	[kar'vaʎu]
tilleul (m)	tília (f)	['tʃilja]
tremble (m)	choupo-tremedor (m)	['ʃopu-treme'dor]
érable (m)	bordo (m)	['bɔrdu]
épicéa (m)	espruce (m)	[is'pruse]
pin (m)	pinheiro (m)	[pi'ɲejru]
mélèze (m)	alerce, lariço (m)	[a'lɛrse], [la'risu]
sapin (m)	abeto (m)	[a'bɛtu]
cèdre (m)	cedro (m)	['sɛdru]
peuplier (m)	choupo, álamo (m)	['ʃopu], ['alamu]
sorbier (m)	tramazeira (f)	[trama'zejra]
saule (m)	salgueiro (m)	[saw'gejru]
aune (m)	amieiro (m)	[a'mjejru]
hêtre (m)	faia (f)	['faja]
orme (m)	ulmeiro, olmo (m)	[ul'mejru], ['ɔwmu]
frêne (m)	freixo (m)	['frejʃu]
marronnier (m)	castanheiro (m)	[kasta'ɲejru]
magnolia (m)	magnólia (f)	[mag'nɔlja]
palmier (m)	palmeira (f)	[paw'mejra]
cyprès (m)	cipreste (m)	[si'prɛstʃi]
palétuvier (m)	mangue (m)	['mãgi]
baobab (m)	embondeiro, baobá (m)	[ẽbõ'dejru], [bao'ba]
eucalyptus (m)	eucalipto (m)	[ewka'liptu]
séquoia (m)	sequoia (f)	[se'kwɔja]

143. Les arbustes

buisson (m)	arbusto (m)	[ar'bustu]
arbrisseau (m)	arbusto (m), moita (f)	[ar'bustu], ['mojta]

vigne (f)	videira (f)	[vi'dejra]
vigne (f) (vignoble)	vinhedo (m)	[vi'ɲedu]

framboise (f)	framboeseira (f)	[frãboe'zejra]
cassis (m)	groselheira-negra (f)	[groze'ʎejra 'negra]
groseille (f) rouge	groselheira-vermelha (f)	[grozɛ'ʎejra ver'meʎa]
groseille (f) verte	groselheira (f) espinhosa	[groze'ʎejra ispi'ɲoza]

acacia (m)	acácia (f)	[a'kasja]
berbéris (m)	bérberis (f)	['bɛrberis]
jasmin (m)	jasmim (m)	[ʒaz'mĩ]

genévrier (m)	junípero (m)	[ʒu'niperu]
rosier (m)	roseira (f)	[ho'zejra]
églantier (m)	roseira (f) brava	[ho'zejra 'brava]

144. Les fruits. Les baies

fruit (m)	fruta (f)	['fruta]
fruits (m pl)	frutas (f pl)	['frutas]
pomme (f)	maçã (f)	[ma'sã]
poire (f)	pera (f)	['pera]
prune (f)	ameixa (f)	[a'mejʃa]

fraise (f)	morango (m)	[mo'rãgu]
cerise (f)	ginja (f)	['ʒĩʒa]
merise (f)	cereja (f)	[se'reʒa]
raisin (m)	uva (f)	['uva]

framboise (f)	framboesa (f)	[frãbo'eza]
cassis (m)	groselha (f) negra	[gro'zɛʎa 'negra]
groseille (f) rouge	groselha (f) vermelha	[[gro'zɛʎa ver'meʎa]
groseille (f) verte	groselha (f) espinhosa	[gro'zɛʎa ispi'ɲoza]
canneberge (f)	oxicoco (m)	[oksi'koku]

orange (f)	laranja (f)	[la'rãʒa]
mandarine (f)	tangerina (f)	[tãʒe'rina]
ananas (m)	abacaxi (m)	[abaka'ʃi]

banane (f)	banana (f)	[ba'nana]
datte (f)	tâmara (f)	['tamara]

citron (m)	limão (m)	[li'mãw]
abricot (m)	damasco (m)	[da'masku]
pêche (f)	pêssego (m)	['pesegu]

kiwi (m)	quiuí (m)	[ki'vi]
pamplemousse (m)	toranja (f)	[to'rãʒa]

baie (f)	baga (f)	['baga]
baies (f pl)	bagas (f pl)	['bagas]
airelle (f) rouge	arando (m) vermelho	[a'rãdu ver'meʎu]
fraise (f) des bois	morango-silvestre (m)	[mo'rãgu siw'vɛstri]
myrtille (f)	mirtilo (m)	[mih'tʃilu]

145. Les fleurs. Les plantes

fleur (f)	flor (f)	[flɔr]
bouquet (m)	buquê (m) de flores	[bu'ke de 'flɔris]

rose (f)	rosa (f)	['hɔza]
tulipe (f)	tulipa (f)	[tu'lipa]
oeillet (m)	cravo (m)	['kravu]
glaïeul (m)	gladíolo (m)	[gla'dʒiolu]

bleuet (m)	escovinha (f)	[isko'viɲa]
campanule (f)	campainha (f)	[kampa'iɲa]
dent-de-lion (f)	dente-de-leão (m)	['dẽtʃi] de le'ãw]
marguerite (f)	camomila (f)	[kamo'mila]

aloès (m)	aloé (m)	[alo'ɛ]
cactus (m)	cacto (m)	['kaktu]
ficus (m)	fícus (m)	['fikus]

lis (m)	lírio (m)	['lirju]
géranium (m)	gerânio (m)	[ʒe'ranju]
jacinthe (f)	jacinto (m)	[ʒa'sĩtu]

mimosa (m)	mimosa (f)	[mi'mɔza]
jonquille (f)	narciso (m)	[nar'sizu]
capucine (f)	capuchinha (f)	[kapu'ʃiɲa]

orchidée (f)	orquídea (f)	[or'kidʒja]
pivoine (f)	peônia (f)	[pi'onia]
violette (f)	violeta (f)	[vjo'leta]

pensée (f)	amor-perfeito (m)	[a'mor per'fejtu]
myosotis (m)	não-me-esqueças (m)	['nãw mi is'kesas]
pâquerette (f)	margarida (f)	[marga'rida]

coquelicot (m)	papoula (f)	[pa'pola]
chanvre (m)	cânhamo (m)	['kaɲamu]
menthe (f)	hortelã, menta (f)	[orte'lã], ['mẽta]

muguet (m)	lírio-do-vale (m)	['lirju du 'vali]
perce-neige (f)	campânula-branca (f)	[kã'panula-'brãka]

ortie (f)	urtiga (f)	[ur'tʃiga]
oseille (f)	azedinha (f)	[aze'dʒinha]
nénuphar (m)	nenúfar (m)	[ne'nufar]
fougère (f)	samambaia (f)	[samã'baja]
lichen (m)	líquen (m)	['likẽ]

serre (f) tropicale	estufa (f)	[is'tufa]
gazon (m)	gramado (m)	[gra'madu]
parterre (m) de fleurs	canteiro (m) de flores	[kã'tejru de 'flɔris]

plante (f)	planta (f)	['plãta]
herbe (f)	grama (f)	['grama]
brin (m) d'herbe	folha (f) de grama	['foʎa de 'grama]

feuille (f)	folha (f)	['foʎa]
pétale (m)	pétala (f)	['pɛtala]
tige (f)	talo (m)	['talu]
tubercule (m)	tubérculo (m)	[tu'berkulu]

pousse (f)	broto, rebento (m)	['brotu], [he'bẽtu]
épine (f)	espinho (m)	[is'piɲu]

fleurir (vi)	florescer (vi)	[flore'ser]
se faner (vp)	murchar (vi)	[mur'ʃar]
odeur (f)	cheiro (m)	['ʃejru]
couper (vt)	cortar (vt)	[kor'tar]
cueillir (fleurs)	colher (vt)	[ko'ʎer]

146. Les céréales

grains (m pl)	grão (m)	['grãw]
céréales (f pl) (plantes)	cereais (m pl)	[se'rjajs]
épi (m)	espiga (f)	[is'piga]

blé (m)	trigo (m)	['trigu]
seigle (m)	centeio (m)	[sẽ'teju]
avoine (f)	aveia (f)	[a'veja]
millet (m)	painço (m)	[pa'ĩsu]
orge (f)	cevada (f)	[se'vada]

maïs (m)	milho (m)	['miʎu]
riz (m)	arroz (m)	[a'hoz]
sarrasin (m)	trigo-sarraceno (m)	['trigu-saha'sẽnu]

pois (m)	ervilha (f)	[er'viʎa]
haricot (m)	feijão (m) roxo	[fej'ʒãw 'hoʃu]
soja (m)	soja (f)	['sɔʒa]
lentille (f)	lentilha (f)	[lẽ'tʃiʎa]
fèves (f pl)	feijão (m)	[fej'ʒãw]

LES PAYS DU MONDE. LES NATIONALITÉS

147. L'Europe de l'Ouest

Europe (f)	Europa (f)	[ew'rɔpa]
Union (f) européenne	União (f) Europeia	[u'njãw euro'pɛja]

Autriche (f)	Áustria (f)	['awstrja]
Grande-Bretagne (f)	Grã-Bretanha (f)	[grã-bre'taɲa]
Angleterre (f)	Inglaterra (f)	[ĩgla'tɛha]
Belgique (f)	Bélgica (f)	['bɛwʒika]
Allemagne (f)	Alemanha (f)	[ale'mãɲa]

Pays-Bas (m)	Países Baixos (m pl)	[pa'jisis 'baɪʃus]
Hollande (f)	Holanda (f)	[o'lãda]
Grèce (f)	Grécia (f)	['grɛsja]
Danemark (m)	Dinamarca (f)	[dʒina'marka]
Irlande (f)	Irlanda (f)	[ir'lãda]
Islande (f)	Islândia (f)	[iz'lãdʒa]

Espagne (f)	Espanha (f)	[is'paɲa]
Italie (f)	Itália (f)	[i'talja]
Chypre (m)	Chipre (m)	['ʃipri]
Malte (f)	Malta (f)	['mawta]

Norvège (f)	Noruega (f)	[nor'wɛga]
Portugal (m)	Portugal (m)	[portu'gaw]
Finlande (f)	Finlândia (f)	[fĩ'lãdʒja]
France (f)	França (f)	['frãsa]

Suède (f)	Suécia (f)	['swɛsja]
Suisse (f)	Suíça (f)	['swisa]
Écosse (f)	Escócia (f)	[is'kɔsja]

Vatican (m)	Vaticano (m)	[vatʃi'kanu]
Liechtenstein (m)	Liechtenstein (m)	[liʃtẽs'tajn]
Luxembourg (m)	Luxemburgo (m)	[luʃẽ'burgu]
Monaco (m)	Mônaco (m)	['monaku]

148. L'Europe Centrale et l'Europe de l'Est

Albanie (f)	Albânia (f)	[aw'banja]
Bulgarie (f)	Bulgária (f)	[buw'garja]
Hongrie (f)	Hungria (f)	[ũ'gria]
Lettonie (f)	Letônia (f)	[le'tonja]

Lituanie (f)	Lituânia (f)	[li'twanja]
Pologne (f)	Polônia (f)	[po'lonja]

Roumanie (f)	Romênia (f)	[ho'menja]
Serbie (f)	Sérvia (f)	['sɛhvia]
Slovaquie (f)	Eslováquia (f)	islɔ'vakja]
Croatie (f)	Croácia (f)	[kro'asja]
République (f) Tchèque	República (f) Checa	[he'publika 'ʃeka]
Estonie (f)	Estônia (f)	[is'tonja]
Bosnie (f)	Bósnia e Herzegovina (f)	['bɔsnia i ɛrtsegɔ'vina]
Macédoine (f)	Macedônia (f)	[mase'donja]
Slovénie (f)	Eslovênia (f)	islɔ'venja]
Monténégro (m)	Montenegro (m)	[mõtʃi'negru]

149. Les pays de l'ex-U.R.S.S.

Azerbaïdjan (m)	Azerbaijão (m)	[azerbaj'ʒãw]
Arménie (f)	Armênia (f)	[ar'menja]
Biélorussie (f)	Belarus	[bela'rus]
Géorgie (f)	Geórgia (f)	['ʒɔrʒa]
Kazakhstan (m)	Cazaquistão (m)	[kazakis'tãw]
Kirghizistan (m)	Quirguistão (m)	[kirgis'tãw]
Moldavie (f)	Moldávia (f)	[mow'davja]
Russie (f)	Rússia (f)	['husja]
Ukraine (f)	Ucrânia (f)	[u'kranja]
Tadjikistan (m)	Tajiquistão (m)	[taʒiki'stãw]
Turkménistan (m)	Turquemenistão (m)	[turkemenis'tãw]
Ouzbékistan (m)	Uzbequistão (f)	[uzbekis'tãw]

150. L'Asie

Asie (f)	Ásia (f)	['azja]
Vietnam (m)	Vietnã (m)	[vjet'nã]
Inde (f)	Índia (f)	['ĩdʒa]
Israël (m)	Israel (m)	[izha'ɛw]
Chine (f)	China (f)	['ʃina]
Liban (m)	Líbano (m)	['libanu]
Mongolie (f)	Mongólia (f)	[mõ'gɔlja]
Malaisie (f)	Malásia (f)	[ma'lazja]
Pakistan (m)	Paquistão (m)	[pakis'tãw]
Arabie (f) Saoudite	Arábia (f) Saudita	[a'rabja saw'dʒita]
Thaïlande (f)	Tailândia (f)	[taj'lãdʒja]
Taïwan (m)	Taiwan (m)	[taj'wan]
Turquie (f)	Turquia (f)	[tur'kia]
Japon (m)	Japão (m)	[ʒa'pãw]
Afghanistan (m)	Afeganistão (m)	[afeganis'tãw]
Bangladesh (m)	Bangladesh (m)	[bãgla'dɛs]

Indonésie (f)	Indonésia (f)	[ĩdo'nɛzja]
Jordanie (f)	Jordânia (f)	[ʒor'danja]
Iraq (m)	Iraque (m)	[i'raki]
Iran (m)	Irã (m)	[i'rã]
Cambodge (m)	Camboja (f)	[kã'bɔja]
Koweït (m)	Kuwait (m)	[ku'wejt]
Laos (m)	Laos (m)	['laws]
Myanmar (m)	Birmânia (f)	[bir'manja]
Népal (m)	Nepal (m)	[ne'paw]
Fédération (f) des Émirats Arabes Unis	Emirados Árabes Unidos	[emi'radus 'arabis u'nidus]
Syrie (f)	Síria (f)	['sirja]
Palestine (f)	Palestina (f)	[pales'tʃina]
Corée (f) du Sud	Coreia (f) do Sul	[ko'rɛja du suw]
Corée (f) du Nord	Coreia (f) do Norte	[ko'rɛja du 'nɔrtʃi]

151. L'Amérique du Nord

Les États Unis	Estados Unidos da América (m pl)	[i'stadus u'nidus da a'mɛrika]
Canada (m)	Canadá (m)	[kana'da]
Mexique (m)	México (m)	['mɛʃiku]

152. L'Amérique Centrale et l'Amérique du Sud

Argentine (f)	Argentina (f)	[arʒẽ'tʃina]
Brésil (m)	Brasil (m)	[bra'ziw]
Colombie (f)	Colômbia (f)	[ko'lõbja]
Cuba (f)	Cuba (f)	['kuba]
Chili (m)	Chile (m)	['ʃili]
Bolivie (f)	Bolívia (f)	[bo'livja]
Venezuela (f)	Venezuela (f)	[vene'zwɛla]
Paraguay (m)	Paraguai (m)	[para'gwaj]
Pérou (m)	Peru (m)	[pe'ru]
Surinam (m)	Suriname (m)	[suri'nami]
Uruguay (m)	Uruguai (m)	[uru'gwaj]
Équateur (m)	Equador (m)	[ekwa'dor]
Bahamas (f pl)	Bahamas (f pl)	[ba'amas]
Haïti (m)	Haiti (m)	[aj'tʃi]
République (f) Dominicaine	República (f) Dominicana	[he'publika domini'kana]
Panamá (m)	Panamá (m)	[pana'ma]
Jamaïque (f)	Jamaica (f)	[ʒa'majka]

153. L'Afrique

Égypte (f)	Egito (m)	[e'ʒitu]
Maroc (m)	Marrocos	[ma'hɔkus]
Tunisie (f)	Tunísia (f)	[tu'nizja]
Ghana (m)	Gana (f)	['gana]
Zanzibar (m)	Zanzibar (m)	[zãzi'bar]
Kenya (m)	Quênia (f)	['kenja]
Libye (f)	Líbia (f)	['libja]
Madagascar (f)	Madagascar (m)	[mada'gaskar]
Namibie (f)	Namíbia (f)	[na'mibja]
Sénégal (m)	Senegal (m)	[sene'gaw]
Tanzanie (f)	Tanzânia (f)	[tã'zanja]
République (f) Sud-africaine	África (f) do Sul	['afrika du suw]

154. L'Australie et Océanie

Australie (f)	Austrália (f)	[aws'tralja]
Nouvelle Zélande (f)	Nova Zelândia (f)	['nɔva zi'lãdʒa]
Tasmanie (f)	Tasmânia (f)	[taz'manja]
Polynésie (f) Française	Polinésia (f) Francesa	[poli'nɛzja frã'seza]

155. Les grandes villes

Amsterdam (f)	Amsterdã	[amister'dã]
Ankara (f)	Ancara	[ã'kara]
Athènes (m)	Atenas	[a'tenas]
Bagdad (m)	Bagdá	[bagi'da]
Bangkok (m)	Bancoque	[bã'kɔk]
Barcelone (f)	Barcelona	[barse'lona]
Berlin (m)	Berlim	[ber'lĩ]
Beyrouth (m)	Beirute	[bej'rutʃi]
Bombay (m)	Mumbai	[mũ'baj]
Bonn (f)	Bonn	[bɔn]
Bordeaux (f)	Bordéus	[bor'dɛus]
Bratislava (m)	Bratislava	[brati'slava]
Bruxelles (m)	Bruxelas	[bru'ʃɛlas]
Bucarest (m)	Bucareste	[buka'rɛstʃi]
Budapest (m)	Budapeste	[buda'pɛstʃi]
Caire (m)	Cairo	['kajru]
Calcutta (f)	Calcutá	[kawku'ta]
Chicago (f)	Chicago	[ʃi'kagu]
Copenhague (f)	Copenhague	[kope'ɲagi]
Dar es-Salaam (f)	Dar es Salaam	[dar es sa'lãm]
Delhi (f)	Deli	['dɛli]

Dubaï (f)	Dubai	[du'baj]
Dublin (f)	Dublim	[dub'lĩ]
Düsseldorf (f)	Düsseldorf	[duseldɔrf]
Florence (f)	Florença	[flo'rẽsa]
Francfort (f)	Frankfurt	['frãkfurt]
Genève (f)	Genebra	[ʒe'nɛbra]
Hague (f)	Haia	['aja]
Hambourg (f)	Hamburgo	[ã'burgu]
Hanoi (f)	Hanói	[ha'nɔj]
Havane (f)	Havana	[a'vana]
Helsinki (f)	Helsinque	[ew'sĩki]
Hiroshima (f)	Hiroshima	[irɔ'ʃima]
Hong Kong (m)	Hong Kong	[oŋ'koŋ]
Istanbul (f)	Istambul	[istã'buw]
Jérusalem (f)	Jerusalém	[ʒeruza'lẽ]
Kiev (f)	Kiev, Quieve	[ki'ɛv], [ki'eve]
Kuala Lumpur (f)	Kuala Lumpur	['kwala lũ'pur]
Lisbonne (f)	Lisboa	[liz'boa]
Londres (m)	Londres	['lõdris]
Los Angeles (f)	Los Angeles	[loz 'ãʒeles]
Lyon (f)	Lion	[li'ɔŋ]
Madrid (f)	Madrid	[ma'drid]
Marseille (f)	Marselha	[mar'sɛʎa]
Mexico (f)	Cidade do México	[si'daʤi du 'mɛʃiku]
Miami (f)	Miami	[ma'jami]
Montréal (f)	Montreal	[mõtri'al]
Moscou (f)	Moscou	[mos'kow]
Munich (f)	Munique	[mu'niki]
Nairobi (f)	Nairóbi	[naj'rɔbi]
Naples (f)	Nápoles	['napolis]
New York (f)	Nova York	['nɔva 'jɔrk]
Nice (f)	Nice	['nisi]
Oslo (m)	Oslo	['ɔzlow]
Ottawa (m)	Ottawa	[ɔ'tawa]
Paris (m)	Paris	[pa'ris]
Pékin (m)	Pequim	[pe'kĩ]
Prague (m)	Praga	['praga]
Rio de Janeiro (m)	Rio de Janeiro	['hiu de ʒa'nejru]
Rome (f)	Roma	['homa]
Saint-Pétersbourg (m)	São Petersburgo	['sãw peters'burgu]
Séoul (m)	Seul	[se'uw]
Shanghai (m)	Xangai	[ʃã'gaj]
Sidney (m)	Sydney	['sidnej]
Singapour (f)	Cingapura (f)	[sĩga'pura]
Stockholm (m)	Estocolmo	[isto'kɔwmu]
Taipei (m)	Taipé	[taj'pɛ]
Tokyo (m)	Tóquio	['tɔkju]
Toronto (m)	Toronto	[to'rõtu]

Varsovie (f)	**Varsóvia**	[varˈsɔvja]
Venise (f)	**Veneza**	[veˈneza]
Vienne (f)	**Viena**	[ˈvjɛna]
Washington (f)	**Washington**	[ˈwaʃĩgtɔn]